개를 춤추게 하는 클리커 트레이닝

Getting Started : Clicker Training for Dogs by Karen Pryor
First Published April 1999ⓒSunshine Books, inc.
All right reserved.
This Korean edition was published by PetianBooks in 2012
by arrangement with Karen Pryor c/o Writers House LLC, New York through KCC(Korea Copyright Center Inc.), Seoul.
이 책의 한국어판 저작권은 KCC(Korea Copyright Center Inc.)를 통해
Karen Pryor c/o Writers House LLC와 독점계약한 '페티앙북스'가 소유합니다.
저작권법에 의하여 한국 내에서 보호를 받는 저작물이므로 무단전재와 복제를 금합니다.

개를 춤추게 하는
클리커 트레이닝

동물행동학자 카렌 프라이어 저 · 김소희 역

처음 만나는
클리커 트레이닝
개와 **사람**이
함께 배우다

페티앙북스

일러두기

- 띄어쓰기의 경우, 국립국어원 표준국어대사전, 교과서 편수 자료에 맞춘 「띄어쓰기 편람」을 따랐다. 단 이미 통용되고 있는 전문용어의 경우 예외로 했다.
- 애견 품종 명칭은 외래어 표기를 주관하는 국립국어연구원의 심의를 거친 품종 명칭 표준안을 기준으로 했다.
- 국내에서 다양하게 번역되고 있는 용어의 경우 그 용어가 처음 등장하는 부분에 옮긴이의 의견을 적어 두었다.
- 부록 I, II는 원서에 없는 내용으로 페티앙북스에서 별도로 제작, 편집, 추가한 것이다.
- '용어 설명' 및 '포인트' 역시 원서에 없는 부분으로 옮긴이가 이해를 돕기 위해 정리한 것이거나 편집자가 본문 중 중요한 내용을 뽑아 편집한 것이다.
- 본문에 나오는 사진들은 옮긴이가 직접 개와 함께 클리커 트레이닝을 배우는 과정을 촬영한 것이다. 사진 속의 개는 명이(웰시 코기 수컷, 생후 6개월)다.

추천사

 클리커 트레이닝은 새로운 애견 훈련법은 아니다. B.F.스키너가 처음 제안하고 이 책의 저자인 카렌 프라이어가 개발해 널리 알려진 클리커 트레이닝은 행동주의 심리학에서 시작된 과학적 학습 이론에 바탕을 둔 것으로 개뿐만 아니라 고양이, 새 같은 반려 동물은 물론이고 동물원의 동물들에게도 적용할 수 있는 과학적이고 획기적인 교육 방법이다.

 어떤 행동을 한 뒤 일어나는 결과가 기분 좋은 것일 경우 유기체는 그 행동을 다시 할 확률이 높아진다. 반대로 어떤 행동을 한 뒤 일어나는 결과가 기분 나쁜 것이라면 그 행동을 할 확률은 줄어드는데 이러한 자연스러운 과정 속에서 학습화가 일어나는 것이다. 클리커 트레이닝은 이러한 학습 원리를 응용한 것으로, 바람직한 행동을 하는 순간을 포착해서 클리커를 눌러 소리로 표시한 뒤 동물이 좋아할 만한 것으로 보상해 주는 것을 기본으로 한다. 동물은 이 클릭 소리를 통해 자신이 그 순간 바람직한 행동, 즉 보상을 받을 수 있는 행동을 했음을 정확하게 이해할 수 있고, 또 우리는 손쉽게, 그것도 아주 인도적인 방법으로 동물에게 우리가 원하는 것을 알려 줄 수 있는 것이다.

 지금까지의 훈련에 관한 책자는 핵심적인 내용과 적용 방법을 다루는 것에

국한된 것이 일반적이었지만, 이 책은 처음 배우는 이들에게 지침서로서의 역할을 충실히 하기 위해 클리커 트레이닝이 어디서 비롯되었는지, 그 기본 원리가 무엇인지까지도 다루는 수고를 더했다. 또 단순한 번역에서 그치지 않고 독자들이 보다 더 쉽게 이해할 수 있도록 옮긴이가 직접 책의 과정을 따라하면서 배우는 과정을 활자화하고 영상 작업까지 추가한 것에서, 동물행동학을 전공하고 있는 옮긴이의 독자에 대한 배려심과 책자의 차별성을 엿볼 수 있다.

해외에서는 많이 알려져 있지만 국내에는 일부 전문가들을 제외하고는 낯선 개념이어서 답답했던 차에 이 책이 처음 번역되어 출판됨을 동물행동학을 공부하는 학도로서 매우 기쁘게 생각한다. 과학적이며 효과적이고 긍정적인 교육 방법인 클리커 트레이닝이 국내 애견가에게도 많이 활용되어 반려 동물 문화의 발전에 큰 기여를 하기 바란다.

서울대학교 수의과대학 교수 신 남 식

저자의 말

클리커 트레이닝이란?

클리커 트레이닝의 세계에 첫발을 내딛은 것을 환영한다. 클리커 트레이닝은 대중의 이목을 끌기 위한 누군가의 새로운 눈속임이나 특별한 비법 같은 것이 아니다. 정적 강화positive reinforcement 트레이닝 시스템을 일컫는 애견 트레이너들 간의 용어인데, 동물은 자발적으로 '환경에 조작을 가한다.' 는 행동 발달 과정을 설명하는 과학적 원리인 조작적 조건형성operant conditioning[01]에 그 기반을 두고 있다.

조작적 조건형성은 지구상에 살고 있는 모든 동물의 학습 방법에 그 뿌리를 두고 있다. 덕분에 이 원리는 어떤 상황에도 적용할 수 있고 개 훈련에 대한 응용 가능성은 놀라울 정도로 무궁무진하다. 경찰견, 서비스견, 보청견은 물론 일반 가정견, 심지어 젖을 떼기 전인 강아지에게도 사용할 수 있고, 간단한 애견 예절 교육 수업부터 복종 훈련 대회[02], 어질리티 대회[03], 사냥 및 필드 트라이얼[04], 추적 대회[05], 애견 전람회 같은 전문적인 분야에도 적용할 수 있다. 실제로 전 세계

---

[01] 그냥 오페란트 컨디셔닝이라고도 하고 자발적 조건화, 조작적 조건화, 조작적 학습이라고도 한다─옮긴이
[02] obedience trial : 핸들러의 '앉아', '기다려' 같은 기본적인 명령들을 개가 얼마나 잘 따르는지를 테스트하는 대회─옮긴이
[03] agility : 다양한 장애물을 가장 빠른 시간 안에 통과하는 것을 겨루는 대회─옮긴이
[04] field trial : 사냥, 양몰이 등 개의 실제 일하는 능력을 테스트하는 대회, 일종의 현장 평가라 할 수 있다─옮긴이
[05] tracking trial : 개의 후각 능력을 테스트하는 대회로 주로 사람의 냄새를 추적하는 능력을 평가한다─옮긴이

수많은 클리커 트레이너들이 각 분야에 적합한 새로운 기술을 개발, 발전시켜 나가고 있다.

클리커 트레이닝은 단순히 클리커와 음식을 사용한다고 되는 것이 아니다. 클리커 트레이닝에서 중요한 것은 강화물reinforcer인데 강화물은 음식은 물론 장난감, 어루만짐 등 개가 좋아하는 것이라면 그 어떤 것도 될 수 있고, 트레이너와 개가 의사소통하는 과정 중 적절한 찰나에 신호와 함께 선물로 주어진다. 보통 클리커 트레이닝을 처음 시작할 때 강화물로는 음식을, 신호로는 클리커를 사용하는데, 이는 음식과 클리커가 우리와 개 모두에게 훌륭한 교육 도구이기 때문이다. 이를 통해 우리도 개도 새로운 방법으로 서로 상호 작용하고 교감하는 법을 배울 수 있다.

이 강화 트레이닝법이라면 개에게 알려 줄 필요가 있는 것은 무엇이든지 가르쳐 줄 수 있다. 우리가 원하는 행동이 무엇인지, 그것이 어떻게 하는 것인지, 언제 하는 것인지를 일단 개가 배우고 나면 클릭 소리는 단어로, 음식은 어루만짐으로 대체될 수 있다. 언제 어디서든지 손쉽게 할 수 있는 것으로 말이다.

일단 개가 클리커 트레이닝으로 어떤 행동을 익혔다면 우리가 새로운 규칙을 더하지 않는 한 개는 평생 그 행동을 하게 된다. 또 개가 몇 가지 행동

> **용어 설명**
>
> **클리커 트레이닝 (clicker training)**
> 행동심리학 학습 이론에 기초한 동물 트레이닝 방법으로, 바람직한 행동을 순간 포착해서 표시하고 보상해 주는 것이 주요 원리다. 행동을 표시하기 위해서 짧고 독특한 '클릭' 소리를 내는 '클리커'라는 도구를 사용하는데 이 소리는 동물에게 그들이 그 순간 바람직한 행동을 하고 있음을 정확히 알려 주는 역할을 한다. 정적 강화와 함께 사용되는 이 명확한 의사소통 형태는 안전하며 인도적인 방법으로 모든 종의 동물에게 원하는 행동을 효율적으로 가르칠 수 있다.
>
> **조작적 조건형성 (operant conditioning)**
> 심리학에서 나온 학습 이론 중 하나로 B.F.스키너에 의해 체계화되었다. 조작적 조건형성이란 유기체가 어떤 행동을 하고 난 뒤 일어나는 결과에 따라 행동이 더 증가하거나 반대로 감소되는 과정을 말한다. 예를 들어 그 행동의 결과가 기분 좋은 것이었다면 그 행동을 할 확률은 더 높아지고 그 행동의 결과가 기분 나쁜 것이었다면 그 행동을 할 확률은 줄어들면서 학습화가 진행된다.

들을 배우고 나면 더 이상 매번 클릭이나 칭찬을 할 필요도 없어진다. 그냥 전체 레퍼토리를 한 번씩 강화해 주면 된다. 결국 개의 반응을 좀 더 정확하게 만들거나 새로운 것을 가르칠 때만 또는 그냥 개와 즐겁게 놀 때만 클리커를 꺼내면 된다. 정말이지 클리커 트레이닝은 개와 우리 모두에게 재미있는 일이다.

그러면 어떻게 시작하는 걸까? 경험 많은 클리커 트레이너라면 몇 분 만에 기본 과정을 가르쳐 줄 수 있겠지만 안타깝게도 클리커 트레이닝 전문가는 턱없이 부족하다. 그러니 우리는 대부분 혼자 배워야 한다. 이 책이 혼자 클리커 트레이닝을 시작할 수 있도록 도와줄 것이며 발전시켜 나갈 수 있는 기본적인 기술들을 알려 줄 것이다. 수많은 클리커 트레이너들이 이 작은 책에 있는 정보만으로 클리커 트레이닝을 성공적으로 시작하고 배우고 있다. 혼자 힘으로 클리커 트레이닝법을 체득한 뒤에는 더 많은 감각을 더해 줄 심화된 책이나 비디오테이프 등을 찾아볼 수도 있다. 더 알고 싶어 할 독자들을 위해 참고 자료에 더 상세한 정보를 찾을 수 있는 곳들을 적어 두었다. 전문 웹사이트에서 무료로 제공되는 정보들을 많이 얻을 수 있을 것이다.

이 책을 읽고 있는 당신 역시 훌륭한 클리커 트레이닝 전문가가 될 수 있고, 주변의 훈련사나 양육자들에게 훌륭한 정보를 주는 역할을 하게 될 수도 있다. 함께 즐겨 보자. 클리커 트레이닝은 새롭고 창의적인 분야고 우리 모두가 발전에 기여할 수 있는 무한한 가능성을 지닌 분야다.

- Karen Pryor -

목 차

추 천 사   05

저자의 말
    클리커 트레이닝이란?   07

I. 개와 돌고래

  1. 돌고래 훈련법을 개에게도 적용할 수 있다   19
  2. 처벌 같은 건 아예 잊고 시작하자   20
  3. 마법의 신호, 조건 강화물   21
  4. 왜 조건 강화물이 결정적인 요인일까?   24
  5. 프리뷰_개에게 돌고래 훈련법 적용시켜 보기   26
      1. 필요한 준비물, 클리커와 포상   26
      2. 클릭 소리와 포상 연결 짓기   27
      3. 클릭 소리에 조건형성되었는지 어떻게 알까?   27
      4. 행동형성하기   28
        ● 행동형성 연습 : 빙글빙글 꼬리 쫓기   28
      5. 가장 즐거울 때 그만두고 다음 세션을 기다린다   29
      6. 행동 유지시키는 법_간헐적인 보상이 중요하다   29
      7. 타게팅   30
      8. 왜 그냥 말로 하면 안 될까?   31
  6. 실용적인 조건 강화물 사용하기   31
  7. 긍정적인 방법으로 잘못된 행동 통제하기   33
      1. 조건형성된 부적 강화물 설정하기   34
      2. 상반 행동 훈련에 정적 강화 사용하기   34
      3. 타임아웃   35
      4. 잘못된 행동을 통제하는 것보다 좋은 행동을 강화하려는 마음가짐이 중요하다   36

II. 클리커를 이용한 기본 트레이닝

1. 기본적으로 필요한 것   42
2. 클릭 소리와 포상 연결짓기   44
    1. 첫 번째 세션에서 필요한 것들   44
    2. 강아지도 괜찮을까?   45
    3. 클릭 소리와 포상의 연관성 알려 주기   45
3. '앉아'와 '엎드려'   47
    1. 1단계 _ 앉게 만들기   47
    2. 2단계 _ 앉아 있는 시간 늘리기   49
    3. 세션 끝내기   51
    4. 3단계 _ 엎드리도록 유인하기   51
    5. 4단계 _ 스스로 엎드리게 하기   53
4. 트레이닝 팁 _ 복습과 함께 새로운 세션을 시작하자   54
5. "이리 와." 부르면 오기   55
    1. 1단계 _ 실내에서 해 보기   55
    2. 2단계 _ 야외에서 해 보기   56
    3. 3단계 _ 야외에서 풀어 주기   57
        • 야외에서 개가 불러도 오지 않는다면?   58
        • 하고 싶어 하는 것을 강화물로 사용한다   59
    4. 4단계 _ 일상생활 속에서 '이리 와' 가르치기   59
6. 보조 맞춰 걸으며 산책하기   60
    1. 1단계 _ 개를 유인해 바로 옆에서 따라 걷게 만든다   60
    2. 2단계 _ 변화를 시도한다   61
    3. 3단계 _ 야외에서 더 많은 변화를 시도한다   62
    4. 늘 줄을 잡아당기며 산책하는 개를 위한 단계   63
    5. 쉬운 방법 _ 줄이 느슨해지는 순간마다 클릭하기   64
    6. 젠틀 리더로 가르치기   66
7. 타겟 트레이닝   67
    1. 1단계 _ 타겟 터치하기   67
    2. 2단계 _ 타겟으로 행동 유도하기   68
    3. 3단계 _ 병뚜껑 활용하기   69
8. 상자로 하는 기초 훈련   71
    1. 1단계 _ 상자에 친숙해지기   71
    2. 2단계 _ 다양한 행동 유도하기   74

3. 3단계 - 변형과 응용 76
    • 크레이트에 들어가기 76
    • 물건 운반하기 77
    • 상자 뒤집어쓰기 77
  9. 클리커 트레이닝 기술 향상시키기 78
    1. 변형 추가하기 78
    2. 신호 또는 지시어 가르치기 79
    3. 다양한 행동 훈련시키기 81
    4. 트레이닝 파트너 찾기 81
    5. 기술 향상시키기_참고 자료의 활용 83

III. 15가지 클리커 트레이닝 팁

  1. 항상 클릭을 먼저, 포상은 뒤에 한다 87
  2. 항상 원하는 행동이 일어나고 있는 '동안' 클릭한다 87
  3. 딱 한 번만 클릭한다 87
  4. 클리커를 개를 부르거나 주의를 끌기 위해 사용해서는 안 된다 88
  5. 클리커를 개를 격려하기 위한 용도나 시작 신호 용도로 사용해서는 안 된다 .. 88
  6. 개에 따라 적당한 크기와 타입의 먹이 포상을 사용한다 88
  7. 과제의 난이도를 다양하게 만든다 89
  8. 세션은 짧고 다양하게. 똑같은 것을 반복 연습하지 않는다 90
  9. 조금씩 조금씩 점진적인 발전을 기대한다 90
  10. 잘하던 행동이 갑자기 엉망이 된다면 '유치원으로 돌아간다' 92
  11. 개의 마음을 읽을 수 있다고 생각하지 않는다 92
  12. 당신이 개보다 앞서 있을 때 세션을 끝낸다 93
  13. 즐기자 93
  14. 좋은 행동을 클릭해서 나쁜 행동을 고친다 93
  15. 좋은 행동을 포착했다면 언제든지 클릭할 수 있다 94

IV. 자주 묻는 질문 24가지

1. 어디서부터 시작해야 할지도 모르겠어요   97
2. 개가 클리커를 무서워해요. 클릭을 하면 도망가 침대 밑에 숨어 버려요   97
3. 우리 개는 먹이 포상을 좋아하지 않아요. 먹이를 얻으려고 움직이지는 않는데 어쩌죠?   98
4. 개를 여러 마리 키우고 있으면 어쩌죠?   98
5. 트레이닝 세션 길이는 어느 정도여야 하나요? 얼마나 자주 트레이닝해야 하죠?   99
6. 한 세션에서 한 가지 이상의 행동을 트레이닝해도 되나요?   99
7. 훈련 교실을 운영하고 있어요. 같은 장소에서 열 명의 사람들이 각자 클리커를 사용하는데 괜찮을까요?   100
8. 왜 클릭 소리 대신 단어를 사용하면 안 되나요?   100
9. 트레이닝 중에 실수를 하면 어떻게 되나요? 내가 개를 망치는 건가요?   101
10. 개가 실수하면 어떻게 해야 하죠?   101
11. 개를 절대 처벌해선 안 된다고 하는데, 개가 자꾸 뛰어오르거나, 물려고 하거나, 부엌에서 음식을 훔치거나 아예 도망가 버릴 때는 어떻게 하죠?   101
12. 장기적인 신뢰감을 위해서 개가 나를 존경하게끔 심지어는 두려워하게끔 만들 필요는 없을까요?   102
13. 지시어에 대해서는 별로 이야기가 없는데요, 그럼 개에게 뭘 해야 할지 언제 말하나요?   102
14. 신호를 줬는데 개가 안 하면 어쩌죠?   103
15. 언제쯤이면 음식을 안 줘도 되나요?   103
16. 개를 데리고 복종 훈련 대회나 그 외에 다른 대회에 참가할 때는 어쩌죠?   105
17. 어차피 복종 훈련 대회 중에는 클리커나 포상을 사용할 수 없는데, 이 대회를 대비해 클리커로 트레이닝을 하는 것은 말이 안 되지 않나요?   105
18. 우리 개는 이미 기존의 방법으로 복종 훈련을 많이 받았어요. 개가 이미 아는 것에 어떻게 클리커 트레이닝을 더해 넣죠?   106
19. 나쁜 행동을 없애고 싶을 때는 클리커 트레이닝을 어떻게 사용할 수 있나요?   106
20. 왜 클리커 트레이닝은 효과적인가요?   107
21. 왜 클리커를 사용해야 하나요?   107
22. 왜 클리커 트레이너들은 처벌보다는 강화를 사용하나요?   108
23. 고양이나 다른 동물에게도 클리커 트레이닝을 할 수 있나요?   109
24. 이 시스템이 사람에게도 통할까요?   109

V. 클리커 혁명
1. 개와 사람이 함께 배우다   113
2. 고양이, 말, 새 그리고 다른 모든 반려 동물과 가축에게도   115
3. 동물원의 사자, 호랑이 그리고 곰에게도   118
4. 일하는 개에게도   119
5. 사람에게도   121

참고 자료   124

역자 후기
클리커 트레이닝, 내가 원하는 것을 개에게 정확하게 전달해 줄 수 있는 새로운 언어   125

부록_1
클리커 트레이닝, 그 속에 숨은 과학 이야기 '우리는 어떻게 배우는가?'
1. 객관적인 방법의 연구만이 진정한 과학이다! 행동주의 심리학의 탄생   133
2. 종소리를 들으면 침을 흘리게 된 파블로프의 개. 고전적 조건형성   133
3. 인간의 공포심도 인위적으로 학습시킬 수 있다. 행동주의의 확립, 왓슨   134
4. 학습은 그 행동의 효과에 좌우된다. 손다이크의 도구적 조건형성   135
5. 유리한 것을 얻기 위해 자발적으로 환경에 조작을 가하다. 스키너의 심리 상자와 조작적 조건형성   136
6. 조작적 조건형성 이론을 통해 배우는 주요 학습 원리들   138
    1. 행동은 인위적으로 증가시키거나 감소시킬 수 있다. 강화 vs 처벌   138
      (1) 강화 : 행동 증가시키기   139
         ① 정적 강화(positive reinforcement)   139
         ② 부적 강화(negative reinforcement)   140
      (2) 처벌 : 행동 감소시키기   140
         ① 정적 처벌(positive punishment)   140
         ② 부적 처벌(negative punishment)   140
    2. 강화가 주어지지 않으면 행동이 사라진다. 소거   141
    3. 벌보다는 칭찬이 학습에 훨씬 더 효과적이다   141
    4. 행동을 만들어 내기 위한 행동형성 기법   141
    5. 간헐적 강화가 행동을 유지하는 데 효과적이다   142
책 속에 나오는 행동심리학 관련 용어 정리   143

부록_2
클리커 트레이닝 다이어리 : 일주일, 개와 사람이 함께 배우다

내가 할 수 있다면 모든 사람도 할 수 있지 않을까?   147

이 설레는 느낌을 많은 사람들과 공유하고 싶다   148

Lesson 1. **개 없이 행동 포착, 클릭, 포상 주는 연습부터**   150
       으잉? 생각보다 어렵네?

Lesson 2. **클리커와 포상의 의미 알려 주기**   153
       '클릭 소리가 나면 기분 좋은 일이 생기는구나.'

Lesson 3. **앉기 그리고 아이콘택트**   157
       너무 쉽잖아?

Lesson 4. **엎드리기**   160
       말없이 서로 의사소통하고 있다는 신비로운 느낌?

Lesson 5. **상자 안에 들어가 앉아 있기**   164
       '세상에! 개가 생각하는 게 보여요.'

Lesson 6. **행동에 신호 붙이기**   169
       개보다 앞서 있어야 한다는 말의 의미를 깨닫다

Lesson 7. **기다려, 먹어~**   173
       작은 움직임과 동작들이 모여 목표 행동이 된다

Lesson 8. **목줄하고 힐링까지**   176
       계속 공부하고 싶어 하는 녀석들

Lesson 9. **그 외 바람직한 행동을 할 때마다 수시로 클릭하기**   180
       - 이름 부르면 오기   180
       - 타겟 트레이닝   181
       - 세션 그만두기   182

I. 개와 돌고래
A Dog and a Dolphin

1. 돌고래 훈련법을 개에게도 적용할 수 있다

　수족관이나 텔레비전에서 환상적인 돌고래 쇼를 본 적이 있다면 돌고래가 온갖 종류의 훈련이 가능한 동물이란 사실을 알고 있을 것이다. 돌고래는 신호에 따라 다른 돌고래나 조련사와 상호 작용하며 관중들에게 눈부신 곡예와 놀랍도록 정교한 행동을 선사해 보인다. 관중들은 돌고래가 얼마나 똑똑한지, 얼마나 열정적으로 반응하는지_{개도 매사에 그런 열정적인 반응을 보인다면 얼마나 좋을까?}에 경이로워하며 환호성과 박수갈채를 보낸다.

　그러나 실망스럽게도 돌고래는 천재가 아니다. 조련사들도 천재가 아니긴 마찬가지다. 쇼를 펼치는 동안의 날렵한 반응, 정교한 행동, 즐거운 에너지 등이 돌고래의 온몸에서 확연히 드러나는 이유는 전적으로 조련사가 그들을 훈련시킬 때 사용하는 '원리' 때문이다. 이 놀라운 원리와 테크닉은 개에게도 그대로 적용될 수 있다.

조련사가 양손을 높이 쳐들며 신호하자 돌고래 두 마리가 동시에 물 밖으로 뛰어올라 점프하고 있다.

2. 처벌 같은 건 아예 잊고 시작하자

돌고래 훈련법에서 우리가 먼저 짚고 넘어가야 할 것이 하나 있다. 바로 조련사들이 벌을 줄 수 없는 동물과 일하고 있다는 사실이다. 돌고래 조련사가 되었다고 상상해 보자. 돌고래가 좀처럼 말을 안 들어서 엄청나게 열 받았다 해도 돌고래에게 앙갚음을 할 길이 없다. 심지어 머리부터 발끝까지 물을 뒤집어씌우는 등 일부러 당신을 화나게 만들었다 해도 어쩔 수 없다. 왜? 그냥 저 깊은 물속으로 헤엄쳐 도망가 버리면 그만인 동물에게 줄이나 채찍은 물론 주먹을 쓸 수도 없는 노릇이기 때문이다. 게다가 굶겨서 협조적으로 나오게 만들 수도 없다. 돌고래는 자기가 먹는 물고기에서 수분을 얻기 때문에 벌을 줄 목적으로 물고기를 안 주면 급격한 탈수 상태에 빠지고 동시에 식욕을 잃으면서 곧 죽는다. 소리를 지르는 것도 소용없다. 돌고래는 당신이 소리를 지르든 말든 관심조차 없다.

어쩌면 '그래도 나는 돌고래를 벌 줄 방법을 기필코 찾아낼 테다.'라고 생각하는 독자도 있을 수 있겠다. 나도 한때 그랬으니까. 하지만 처벌할 방법을 찾아내느냐 마느냐의 문제는 중요한 것이 아니다. 애초에 처벌을 사용할 필요가 없기 때문이다. 조련사들은 정적 강화물을 사용하는 것만으로 돌고래로부터 원하는 행동을 무엇이든지 얻어 낼 수 있다. 대개 훈련용 호루라기를 한두 번 불거나 물고기 한 양동이를 준비하는 것만으로 충분하다. 우리는 정적 강화 positive reinforcement 06를 통해 모든 행동을 '형성 shaping 07'해 낼 수 있다. 지시에 대해 정확하고 신속한 반응을 끌어낼 때도, 즉 복종 훈련을 할 때도 그리고 같은 수조 안에 있는 다른 돌고래를 공격하거나 수문을 통과하길 거부하는 등의 잘못된 행동을

---

06 정적 강화란 상대방이 어떤 행동을 할 때 기분 좋은 무언가를 '제시'해 줘서 그 행동을 더 많이 하게 만드는 절차를 말한다. 긍정적 강화라는 단어로도 번역되어 사용되고 있고 양성 강화라고도 한다. 이 책에서는 클리커 트레이닝의 기원이라 할 수 있는 행동심리학에서 사용하고 있는 용어인 정적 강화로 번역한다. 부록1에서 더 자세히 설명한다-옮긴이

07 행동심리학에서 행동형성, 행동조성, 조형, 조성, 형성 등 여러 단어로 번역되어 사용되고 있는데 이 책에서는 이해를 쉽게 하기 위해 문맥에 따라 형성 또는 행동형성을 번갈아 사용한다-옮긴이

통제할 때도 정적 강화를 사용할 수 있다. 정적 강화를 제대로 잘 사용하면 동물이 아주 똑똑하게 행동하게 만드는 것은 물론 그렇게 행동하는 것 자체를 사랑하게끔 만들 수 있다.

특정 행동을 하게 만들 때든 잘못된 행동을 교정할 때든 개를 훈련시킬 때 우리가 사용하는 방법 속에는 강압적인 무엇이 포함되는 경우가 꽤 있고 이것은 불가피하다. 칭찬과 쓰다듬어 주기를 사용한다 할지라도 개는 어쩔 수 없이 훈련 과정 중에 혼란과 두려움을 경험하게 되고 어쩌면 육체적 고통까지 겪을 수도 있다. 어떤 개들은 이런 부정적인 경험들을 나름대로 잘 견뎌 낼 수도 있겠지만 야생 동물 같은 돌고래는 그렇지 않다. 만약 부정적인 방법들을 이용해 돌고래를 조련시키려 한다면 마지못해 배울 수는 있겠지만 활기 없이 움직임이 느릿느릿할 것이며 뚱한 모습으로 못미더운 수준의 임무를 해 보일 것이다. 심지어 사람에게 공격성을 드러낼 수도 있다. 우리가 흔히 아는 개 이야기와 아주 비슷하지 않은가?

용어 설명
강화(reinforcement) 어떤 행동이 다시 일어날 확률을 증가시키기 위한 목적으로 그 행동에 대한 결과를 제공하는 절차를 말한다. 그 행동을 증가시켜 주는 수단은 강화물(reinforcer)이라고 한다.
행동형성 또는 형성(shaping) 하나하나 조각을 통해 완성된 작품을 만들어 내듯 여러 단계를 거쳐 최종적으로 목표한 행동을 만들어 나가는 것. 즉, 원하는 행동에 점차 근접해 가는 행동들을 강화해 나가는 과정을 말한다.

그러나 돌고래 훈련법인 정적 강화를 통해 개를 트레이닝시키면 개는 그야말로 멋지게 쇼를 선보이는 돌고래처럼 행동한다. 열정적이고 협조적인 태도로 완벽하게 집중해서 정교하고 환상적인 퍼포먼스를 해낸다. 이제부터 그 방법이 소개된다.

3. 마법의 신호, 조건 강화물

개 훈련사들과 이야기하다 보면 그들이 크게 오해하고 있는 것이 있음을 알게 된다. 많은 사람들이 정적 강화가 그저 '음식 또는 먹이'를 의미하는 것으로 생각한다는 것이다. 정말이지 틀렸다. 돌고래로부터 멋진 행동을 얻어 낼 수 있는 결정적인 요인은 음식 보상이 아니다. 돌고래는 물고기를 얻기 위해서가 아니라 호루라기 소리를 듣기 위해 움직인다. 호루라기 소리는 임무를 완벽하게 수행

> **포인트**
> 돌고래를 신 나게 움직이게 만드는 것은 음식이 아니라 호루라기 소리(조건 강화물)다. 호루라기 소리가 돌고래에게 전달하는 것은 조련사가 그 행동을 좋아한다는 사실과 좋아하는 행동을 했기 때문에 물고기를 받을 자격이 있다는 사실이다.

해 냈을 때 주어지는 마법의 신호, 즉 '조건 강화물'이다.

돌고래를 훈련시킬 때 제일 먼저 해야 하는 것은 '호루라기 소리를 들을 때마다 곧 물고기를 얻게 된다.'는 사실을 가르치는 것이다. 돌고래가 호루라기 소리가 난 다음에는 곧 물고기가 온다는 사실을 배우고 나면 조련사는 호루라기 소리를 자기가 좋아하는 행동을 표시 mark 하는 데 사용할 수 있다. 그 다음에는 지시 신호에 반응하는 것 같이 좀 더 복잡한 행동을 형성하거나 개발하는 데도 사용할 수 있다.

전체 과정을 예를 들어 간략히 설명해 보자. 우연히 돌고래가 공중으로 점프를 했는데 그 순간 호루라기 소리가 들리더니 곧 물고기를 얻게 되는 일이 몇 번 일어났다고 치자. 곧 돌고래는 조련사가 나타날 때마다 점프를 해 대기 시작한다. 그러면 이제 조련사는 한쪽 팔을 올렸을 때 점프하는 것만이 '효과가 있다. 호루라기 소리가 들린다'는 사실을 돌고래가 발견하게끔 만들어 줄 수 있다. 즉, 팔을 들어 올리는 것으로 "점프해!"라는 신호를 만드는 것이다. 조련사는 점차 다른 조건 condition 들을 추가해 나갈 수 있는데, 예를 들면 조련사의 반대 방향이자 관중석이 있는 방향으로 점프를 했을 때만, 2미터 높이 이상 뛰어올랐을 때만, 혹은 조련사의 팔이 올라간 후 3초 이내에 뛰었을 때만 '효과 있는' 점프라는 조건들이 있을 수 있겠다. 또 트레이닝 세션[08]이 끝날 때마다 수신호에 따라 머리 숙여 작별 인

---

08 session : 특정 활동을 위한 시간이나 기간 등을 의미한다–옮긴이

사하는 것을 훈련시킬 수도 있다. 이때 우리로선 당연히 조련사가 돌고래를 훈련시킨 것으로 여기지만 돌고래 입장에서는 자기도 조련사를 훈련시켰다고 여길지 모른다. '조련사가 손을 쭉 뻗어 올릴 때 점프하는 것이 내가 할 일이고 그때마다 조련사는 나를 위해 호루라기를 불고 물고기를 줘야 해!'

아무튼 여기서 호루라기 소리가 지시어로 사용되는 것이 아니라는 것을 기억해야 한다. 돌고래에게 뭔가를 시작하라고 알려 주는 것은 호루라기 소리가 아니라 수신호다. 어떤 행동을 하고 있는 동안 혹은 그 행동이 끝나는 순간에 들리는 호루라기 소리가 돌고래에게 말해 주는 것은 조련사가 그 행동을 좋아한다는 사실과 그래서 돌고래는 그 행동을 한 것에 대해 물고기를 받을 자격이 있다는 사실이다. 꼭 음식만 고집할 필요는 없다. 음식 대신 톡톡 몸을 두드려 주거나, 장난감을 줘도 되며, 또 다른 행동을 해도 되는 기회를 조건 강화물로 사용할 수도 있다.

이제 호루라기 소리는 조건 강화물conditioned reinforcer[09]이 되었다. 심리학자들은 음식, 쓰다듬어 주기, 또는 또 다른 기쁨을 주는 어떤 것들을 무조건 강화물unconditioned reinforcer이라고 부른다. 호루라기 소리 같은 조건 강화물은 동물이 원

용어 설명

강화물(reinforcer)
B.F.스키너는 유기체가 어떤 행동을 한 결과가 스스로에게 유리하면 그 행동을 더 자주 한다는 것을 밝혀냈는데, 이때 행동의 빈도를 높여 주는 자극을 강화물이라 하고 다음의 두 종류로 나뉜다.

무조건 강화물(unconditioned reinforcer)
생존이나 생물학적 기능에 중요한 자극이나 사건으로, 학습이나 훈련 없이도(조건형성이 가해지지 않아도) 강화되는 속성을 가지고 있다. 음식, 쓰다듬어 주기, 또는 또 다른 기쁨을 주는 어떤 것들을 말한다. 돌고래 훈련에서는 물고기가 무조건 강화물이다.

조건 강화물(conditioned reinforcer)
처음에는 별다른 의미가 없는 그저 단순한 신호에 지나지 않지만 무조건 강화물과 짝지어지거나 밀접하게 결합되면서 강화물이 되는 것을 조건 강화물이라고 한다. 개가 착한 행동을 할 때마다 먹이를 주며 "잘했어."라고 말하길 반복하면 결국 개는 "잘했어."를 먹이와 동일시하게 되는데, 이렇듯 일종의 학습에 의해 만들어지는 것이기 때문에 학습된 강화물이라고도 한다. 돌고래 훈련에서는 호루라기 소리가 조건 강화물이고, 우리 책에서는 클리커가 조건 강화물이며, 인간 세상에서는 돈이 조건 강화물에 속한다.

---

[09] 조건 강화인, 조건 강화자, 조건 강화제, 조건 강화 요인 등 다양한 단어로 번역되고 있으나 이 책에서는 조건 강화물로 통일한다.—옮긴이

하게끔 학습된 것인 반면, 앞의 내용 같은 무조건 강화물은 학습 과정 없이도 자연스럽고 당연하게 동물이 원하는 것이라는 점에서 차이가 있다.[10]

4. 왜 조건 강화물이 결정적인 요인일까?

호루라기 소리 없이 멀리 떨어져 있는 돌고래에게 간단한 점프 동작을 훈련시킨다고 가정해 보자. 우선 돌고래가 점프를 해서 공중에 떠 있는 상태일 때 물고기를 주기란 불가능하다. 돌고래가 어떤 점프를 하든지 간에 점프가 끝난 후에야 물고기를 줄 수 있거나 또는 상황에 따라 아예 못 줄 수도 있다. 즉, 반복되는 점프 중 한 점프에 대해서만 보상해 준 이유가 무엇인지 혹은 그 점프에서 당신이 좋아하는 부분이 무엇인지를 알려 줄 방법이 없다. 높이였을까? 돌고래가 물 밖으로 뛰어오른 혹은 물속으로 뛰어든 스타일 때문이었을까? 특정한 높이, 시간, 방향의 점프를 개발시켜 주기 위해서는 수많은 반복 속에서 시행착오를 통해 실수를 제거해 나가는 수밖에 없는데 그러다 보면 그 동작을 정확히 해내기도 전에 이미 지겨워져 버린 돌고래그리고 조련사가 훈련을 포기해 버릴 확률이 높다.

이렇듯 조건 강화물 없이 음식 보상만 사용하는 트레이너의 동물들은 정확한 정보가 부족하기 때문에 간절하게 일하긴 하지만굶주린 만큼 학습 속도는 아주 더딜 수밖에 없다. 포상treat[11]을 받게 해 준 행동이 무엇인지를 정확히 알려 주는

---

10 한편, 어떤 사람들은 음식을 '일차적 강화물(primary reinforcer)', 신호를 '이차적 강화물(secondary reinforcer)'이라는 용어를 사용해 표현하기도 한다. 나는 이 용어들의 사용을 기피하는데 '이차적'이라는 단어 때문에 사람들이 호루라기를 음식을 준 다음에 사용하는 것으로 오해한다는 사실을 알았기 때문이다. 호루라기 소리를 음식 뒤에 주는 것은 동물에게 아무 의미도 전해 주지 못하고 훈련 도구로 아무 쓸모도 없다–지은이

11 사전적 의미는 남을 대접할 때 주는 특별한 선물. 사실 애견훈련 분야에서 포상이란 먹이가 대부분이지만, 좀 더 정확하게 하기 위해서 이 책에서 food라고 별도로 언급한 것만 음식 또는 먹이로 번역하고 treat는 포상, reward는 보상이라 번역했다. reward가 treat보다 더 넓은 개념으로 reward에는 물건이 아닌 것도 포함되지만 treat는 그야말로 상으로 주어지는 먹이나 장난감 등을 말한다–옮긴이

신호 없이 그저 많은 포상을 받아 온 개들에게서 흔히 볼 수 있는 모습이다. 이런 개들은 우호적이고 열정적인 듯 보이지만 사실은 아는 게 아무것도 없다.

또, 트레이너가 표시 신호marker signal 12 없이 음식만 사용하면 동물은 트레이너로부터 항상 음식을 고대하는 경향이 생긴다. 말은 먹이가 있진 않은지 늘 주머니 냄새를 맡고 개는 손을 핥아 대기 바쁘다. 돌고래는 계속 무대 주변을 맴돌고 물고기 양동이를 숭배하다시피 한다. 이렇게 트레이너만 뚫어져라 바라보고 있다면 돌고래를 조련사의 반대 방향인 관중석 쪽으로 점프하게 만드는 일은 불가능할 수밖에 없다.

> **포인트**
> 클리커 트레이닝은 단순히 클리커와 먹이를 사용한다고 되는 것이 아니다. 클리커 트레이닝에서는 강화물(reinforcer)이 가장 중요하고, 이 강화물은 트레이너와 개가 의사소통하는 과정 중 적절한 찰나에 신호와 함께 선물로 주어진다. 클리커 트레이닝에서는 보통 강화물로는 먹이를 사용하고 신호로는 클리커를 사용한다.

그러나 표시 신호를 설정해 둔 이상, 멀리 떨어진 곳에서 일어나는 행동을 발견했을 때도 심지어 동물이 등을 돌리고 있을 때도 아무 문제없이 사용할 수 있다. 또 잘 조건형성conditioned 13된 동물은 먹이를 찾아 온 사방을 킁킁대는 대신 자기가 할 일을 계속하면서 이 마법의 소리에 귀를 기울인다. 말과 개 훈련에서 집중하는 자세는 그 자체만으로도 아주 가치 있는 훈련 자산이다.

조건 강화물은 찰나의 순간을 포착할 수 있다. 즉, 호루라기 소리는 조련사가 찾고 있는 행동이 무엇인지를 돌고래에게 아주 정확하게 알려 줄 수 있기 때문에 조련사와 돌고래 간의 의사소통을 확실하게 해 주고 그 덕분에 우리가 원하는 세부적인 것들까지도 하나씩 하나씩 명확하게 동물에게 가르쳐 줄 수 있게 해 준다. 예를 들어 오른쪽으로 점프하라는 신호를 할 때마다 돌고래가 오른쪽으로 점프하는 것으로 보아 돌고래가 '오른쪽으로 점프하기'라는 규칙을 완전히 소화

---

12 행동을 정확하게 표시해 주는 신호. 이 책에서는 클릭 소리를 의미한다─옮긴이
13 자극과 반응이 서로 연결된 상태, 쉽게 표현해 습관화, 학습화된 상태라고 말할 수 있다. 즉, 클리커와 포상 간의 관계와 의미를 제대로 이해하고 있는 상태를 말한다─옮긴이

했다고 생각된다면 여기에 또 다른 세부 사항이나 규칙을 추가할 수 있다. 이제부터는 '더 높이 뛰는 점프만을 강화하겠다.'고 결심하고 그 행동을 강화해 나간다면 머지않아 돌고래는 '더 높이 뛰기'라는 세부적인 행동 하나를 더 배우게 된다. '아하! 오른쪽으로 점프하되 이만큼 더 높게 점프해야 되는구나!'

단계별로 가르쳐 나가는 이 과정이 너무 치밀하게 여겨질 수도 있겠지만 이것이야말로 복잡한 행동을 훈련시키는 데 최단거리 지름길이다. 미숙한 돌고래라 할지라도 앞에서 이야기했던 '머리 숙여 작별 인사 하기' 같은 정교한 행동도 2-3일 만에 신호에 따라 하도록 훈련시킬 수 있다. 순조롭게 진행된다면 10분짜리 트레이닝 세션 한 번 만에 훈련시킬 수도 있다. 오랫동안 나는 돌고래의 특정 행동을 '포착'해 그것을 특별한 행동으로 '형성'해 내곤 했는데, 단 한 번의 세션 만에 신호에 따라 그 행동을 하도록 만든 적이 셀 수도 없을 정도로 많다. 다른 돌고래 조련사들도 마찬가지다.

5. 프리뷰_개에게 돌고래 훈련법 적용시켜 보기

1. 필요한 준비물, 클리커와 포상

십 분짜리 실험을 통해 우리 집 개에게도 조건 강화물을 사용하는 돌고래 훈련법을 쉽게 적용시켜 볼 수 있다. 호루라기 소리를 두려워하는 개도 많기 때문에 우리는 클리커를 조건 강화물로 사용한다. 클리커는 누르면 '클릭click[14]' 하는 소리가 나는 일종의 장난감인데 병뚜껑, 미니 스테이플러, 볼펜 등 비슷한 소리가 나는 물건을 대신 사용할 수도 있다.[15]

---

[14] 딸깍, 똑딱 등 다양하게 번역될 수 있지만 클릭으로 옮긴다―옮긴이

[15] 클리커는 볼펜과 비슷해서 여러 개가 필요하다. 강화하고 싶은 행동을 발견했을 때마다 사용하려면 여러 장소에 두는 것이 좋고 잃어버리거나 누군가에게 빌려 줄 수도 있기 때문이다―지은이

그 다음은 포상으로 줄 먹이를 챙길 차례다. 포상은 크기가 충분히 작아야 하는데 그래야 15-20번 정도를 줘도 개가 배부르지 않기 때문이다. 특히 식사 시간 직전에만 먹이에 반응을 보이는 개도 있는데 이럴 때는 좀 더 유혹적인 것을 준비할 필요가 있다. 나는 클리커를 개에게 처음 소개할 때 주로 작게 자른 닭고기 조각을 사용한다. 일상적으로 사용하게 될 포상은 질 좋은 것이어야 하고 빨리 먹을 수 있는 아주 작은 것이어야 한다. 새로운 작업을 시작할 때는 신선한 먹이를 주는 것이 최상이고 건조한 먹이는 그 행동을 유지하기에 좋다. 만약 기성 제품을 산다면 작은 조각으로 만들어진 것을 찾아보자. 기름기가 많거나 냄새나는 것은 좋지 않으며, 쉽게 부스러지지 않고 조각당 칼로리가 낮고 자연식품인 것이 좋다. 또, 허리 벨트 등에 포상 가방을 매어 두면 손을 자유롭게 쓸 수 있고 돌아다니면서 훈련시킬 수 있어 편리하다.

다양한 종류의 클리커
사진처럼 다양한 종류의 클리커가 상품화되어 있다. 병뚜껑, 스테이플러, 볼펜 등 비슷한 소리가 나는 물건들도 클리커 역할을 할 수 있다.

2. 클릭 소리와 포상 연결 짓기

개에게 클릭 소리가 의미하는 것을 알려 주기 위해 클리커를 누르고 포상을 주는 과정을 4-5번 반복하는데, 방에서 하든 야외에서 하든 위치를 옮겨 가면서 해야 한다. 그래야 개가 '아, 클릭 소리와 포상은 특정한 위치나 장소에서만 받을 수 있는 거구나.' 라는 식의 엉뚱한 생각을 갖는 것을 막을 수 있다.

3. 클릭 소리에 조건형성되었는지 어떻게 알까?

자, 클릭하고 포상을 주는 과정을 어느 정도 반복했다면 이제는 클리커를 누른 뒤 포상을 주기까지의 시간을 몇 초 정도 늦춰 보자. 이때 개가 당황하며 부산

스럽게 포상을 찾는다면 신호, 즉 클릭 소리가 조건 강화물이 되었다는 증거다.[16]

4. 행동형성하기

　여기까지 완성되었다면 이제부터는 행동을 만들어 나갈 차례인데 이것을 '행동형성shaping'이라 부른다. 우리가 쉽게 형성해 볼 수 있는 행동에는 일명 '꼬리 쫓기'가 있다. 수많은 훈련사들 머릿속에 제각기 다른 방법들이 떠오르듯 이 행동을 끌어내는 데는 수없이 다양한 방법이 있다. 목줄collar을 사용해서 돌게 만들 수도 있고 꼬리 끝에 베이컨 기름을 발라 둬서 꼬리를 쫓게 할 수도 있다. 하지만 우리가 사용하는 방법은 그 어떤 자극도 주지 않고 기초부터 행동을 형성해 나가는 방법이다.

● **행동형성 연습 : 빙글빙글 꼬리 쫓기**

　클리커 누르기를 멈추고 그저 기다리자. 이쯤이면 개는 아마도 흥미로워하고 즐거워할 것이다. 우리가 아무것도 하지 않고 가만히 있으면 개는 주변을 돌아다니기 쉽다. 낑낑 울거나 짖을 수도 있다. 잘 지켜보고 있다가 개가 오른쪽으로 움직이거나 도는 행동을 하는 찰나에 클리커를 누르고 포상을 주자.[17]

　자, 그리고 다시 기다린다. 다른 행동은 모두 무시한다. 우리가 포착해야 할 것은 오직 오른쪽으로 움직이는 행동 하나뿐이다. 단, 여기서 주의할 점이 있다. 오른쪽으로 완전히 한 바퀴 도는 기적을 기다리며 버티지 말라는 것이다. 머리를 오른쪽으로 살짝 돌렸다거나 오른쪽 앞발을 바깥쪽으로 한 걸음 내딛는 것이면

---

16 처음에는 별다른 의미가 없던 클릭 소리가 포상과 결합되면서 이제 포상처럼 강화물로서의 힘을 가지게 되었다－옮긴이

17 사실 클릭 소리는 우리에게도 정보를 준다. 클릭을 너무 빨리 했는지 또는 너무 늦게 했는지를 알 수 있게 해 주기 때문에 정확한 타이밍을 포착하는 법을 다듬어 나가게 해 준다. 한편, 클리커가 아닌 단어를 사용하면 타이밍을 제때 맞추는 것이 훨씬 더 어려울 수밖에 없다는 사실도 배우게 해 준다－옮긴이

충분하다. 그런 행동을 제대로 '포착' 했다면 클리커를 누르는 타이밍이 좋았다면 개는 서너 번의 강화만으로도 더 많이 더 자주 오른쪽 방향으로 도는 행동을 하기 시작할 것이다.

여기까지 성공했다면 이제부터는 오른쪽으로 겨우 한 발자국 내딛는 것 정도는 클리커를 눌러 강화해 줄 필요가 없다는 것을 이해했을 것이다. 이제는 오른쪽으로 돌며 몇 걸음 이상 발을 내딛는 것을 강화해야 하는데 아마 1/4바퀴를 지나는 순간쯤일 것이다. 1/4 바퀴를 돌았다면 완전한 한 바퀴를 도는 것은 금방이다.

5. 가장 즐거울 때 그만두고 다음 세션을 기다린다

이때가 바로 첫 번째 세션을 끝내기에 적합한 순간이다. 즉, 우리가 여유 있게 앞서 있는 상태일 때 그만두는 것이 황금법칙이다. 클리커는 치워 두고 실컷 칭찬하고 포옹해 준다. 그리고 다음 날 두 번째 세션을 한다. 첫 번째 세션에서 했던 것처럼 오른쪽으로 한 걸음을 뗄 때부터 시작해서 1/4바퀴를 돌고, 그리고 더 많이 돌 때까지 차근차근 행동을 포착해 클릭을 하고 포상을 준다. 두 번째 세션에서는 이 과정까지 이르는 속도가 훨씬 빨라질 것이다.

6. 행동 유지시키는 법_간헐적인 보상이 중요하다

한 바퀴를 돌았다면 다음 단계는 두 바퀴를 도는 것이다. 그리고 정말 중요한 그 다음 단계부터는 다양성을 갖기 시작해야 한다. 불규칙적으로 보상을 해야 한다는 의미다. 때로는 반 바퀴를 돌았을 때, 때로는 두 바퀴를 돌았을 때, 한 바퀴 또는 완벽한 세 바퀴를 돌았을 때 또는 한 바퀴하고도 1/4바퀴를 돌았을 때 보상을 준다. 이렇게 하면 개는 계속 생각하게 된다. '클릭 소리는 한 바퀴를 돌았을 때 나는구나. 어? 두 바퀴를 돌았을 때 나는 건가?' 개는 알 수가 없어서 계속 돌고 점점 더 빨리 돈다. 결국 놀랍게도 자기 꼬리를 쫓아 빙글빙글 도는 행동이 발달되기 시작한다. 물론 이것은 바보 같은 묘기일 뿐이고 그다지 중요해 보이지도 않지만 행동형성 과정을 잘 설명해 준다.[18]

7. 타게팅

연습 차원에서 해 볼 수 있는 것이 하나 더 있다. 바로 타게팅targeting이다. 타게팅이란 특정 물체를 코끝으로 건드리도록 만드는 것을 말한다.[19] 예를 들어 바다사자 조련사들은 동물에게 자신의 주먹을 '타게팅' 하는 것을 가르친다. 그리고 주먹을 땅 표면이나 허공에 또는 관중석을 향해 쥐고 있는 것으로 바다사자를 우리가 원하는 방향으로 움직이게 만들 수 있다. 그 어떤 물리적 힘도 사용하지 않고서 말이다. 이런 연습의 목적은 개에게 묘기를 가르치기 위해서가 아니라 조건 강화물이 행동을 형성하는 데 어떻게 사용되는지 그리고 이런 종류의 강화가 얼마나 효과적일 수 있는지를 우리 스스로 배우기 위해서다.

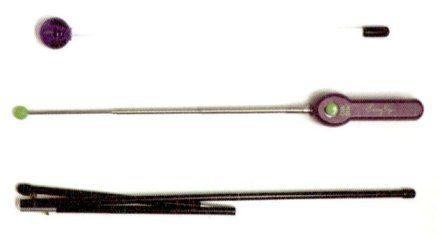

타게팅을 위한 타겟 막대
타겟 막대도 여러 가지 종류가 있다. 가운데 제품은 길이 조절이 가능한 타겟 막대인데 클리커 겸용이어서 사용이 편리하다. 제일 아래 제품 역시 접을 수 있어서 보관이 편하다. 그 외에도 언제 어디서나 사용할 수 있는 '손' 또는 '주먹'을 타겟으로 사용하면 편하고, 나무 막대기도 좋다. 작은 개의 경우에는 볼펜이나 자 같은 것도 좋다.

---

18 스키너는 실험을 통해 음식이라는 보상을 간헐적으로 또는 아주 가끔씩 줄 때 동물이 그 행동을 가장 열심히 한다는 사실을 발견했다-옮긴이
19 화살이 과녁에 꽂히듯 동물들이 코로 과녁, 즉 타겟을 건드리게 하는 것으로 이해하면 쉽다-옮긴이

8. 왜 그냥 말로 하면 안 될까?

왜 우리는 클리커를 사용해야 할까? 그냥 우리 목소리나 "잘했어." 같은 칭찬을 조건 강화물로 사용하면 안 되는 걸까? 안 되는 첫 번째 이유는 타이밍 포착이 힘들기 때문이다. 원하는 행동을 발견했을 때 클리커로는 그 찰나의 정확한 타이밍을 포착할 수 있지만 말로 하기에도 "잘했어."라는 간단한 단어조차도 너무 길다. 클리커와 약간의 연습만 있다면 우리는 한 발을 오른쪽 앞으로 내딛는 것 같은 아주 작은 동작들을 그 행동이 일어나는 순간 즉시 강화할 수 있다. 말로 해 주는 칭찬은 시간이 더 오래 걸리기 때문에 어쩔 수 없이 애매모호할 수밖에 없다.

단어를 사용하는 것이 안 좋은 두 번째 이유는 우리가 개 주변에서 정말 많은 말을 하며 지낸다는 점이다. 개의 특정 행동을 강화하려는 순간이 아닐 때도 우리는 계속 말을 한다. 개로서는 우리가 끊임없이 쏟아 내는 소음들 중에서 의미 있는 단어를 골라 내기 어려울 수 있다. 하지만 클릭 소리는 주변에서 들리는 그 어떤 소리와도 다르고 의미도 아주 명쾌하다. 잘 조건형성된 개가 클릭 소리에 반응하는 자세열정적인 집중력, 넘치는 활력과 에너지와 보통의 개가 "잘했어."에 반응하는 모습정말? 왜! 미소와 꼬리치기을 비교해 보면 그 차이를 분명히 느낄 수 있을 것이다.

6. 실용적인 조건 강화물 사용하기

클리커는 묘기를 가르칠 땐 아주 좋지만 다른 것을 가르칠 때는 별로 유용하지 않다고 말하는 훈련사들이 있다. 예를 들어 복종 훈련 대회 무대 위에서는 클리커를 사용할 수 없다는 것이다. 물론 그렇지만 그 무대 위에서까지 클리커를 사용할 필요가 있을까? 클리커의 가치는 새로운 행동을 형성하거나 세부적인 동작들을 변화, 개선시키는 데 있다. 동물이 이미 학습해서 잘하고 있는 행동에는 사용할 필요가 없다는 말이다. 그렇긴 하지만 일하는 개들에게 조건 강화물은 실질적인 도움이 되는 유용한 트레이닝 도구가 될 수 있다. 언젠가 한 워킹 도그 대회[20]의 챔피언이 내게 말했다. "우리 집 도베르만에게 클릭 소리의 의미를 가르친 뒤에 일을 하고 있는 동안에는 나와 떨어져 있어도 내 얼굴을 주시하는 것을 강화해 주었어요. 그녀는 그 정보에 정말 고마워하는 것 같았어요. 클리커가 그동안 막연했던 것들을 명쾌하게 의사 전달해 준 거죠." 그 개는 일단 주인이 자신에게 원하는 것이 무엇인지를 이해하자 대회에 출전했을 때도 그것을 올바르게 해냈다. 클리커 없이 말이다.

    그렇다고 사람들이 대회 무대에서 조건 강화물을 절대 사용하지 않는다고 생각하지는 말자. 다른 사람들은 알아챌 수 없되 자기 개는 인식할 수 있는 독특한 신호를 설정하는 것은 모든 트레이너들에게 중요한 일이다. 나는 클리커 대신 거의 소리 나지 않게 코를 훌쩍이는 것을 조건 강화물로 사용하는 아주 예리한 복종 훈련 트레이너를 알고 있다. 또 손가락 하나로 개의 머리를 톡 건드리는 것으로 "잘했어기쁨에 넘치는 개의 얼굴 표정으로 분명히 밝혀지는."라는 의미를 전달하는 대회 참가자들도 만난다. 내가 아는 어떤 여성 참가자는 자기 개, 렉스에게 "빌리."라고 부르

> **포인트**
> 클리커는 개에게 우리가 원하는 행동이 무엇인지를 아주 정확하게 전달해 주는 도구다. 애매모호했던 혹은 도무지 알려 줄 길이 없었던 의미를 클리커를 통해 명쾌하게 전달할 수 있기 때문에 우리는 가장 쉽고 빠르게 개로부터 원하는 행동을 얻어 낼 수 있다.

는 것을 포상으로 여기게 가르쳤다. 복종 훈련 대회 무대 위에 있을 때 그녀는 "빌리, 힐heel[21]!"처럼 지시어로 보이는 말을 사용해 특히 좋은 행동아마도 불렀을 때 온 것 같음을 강화시킬 수 있다. 그녀에게 왜 대회에서 개의 진짜 이름을 사용하지 않

---

20 working dog competition : 사냥, 양몰이, 썰매 끌기 등 일하는 용도로 번식된 품종의 개들이 자기 분야의 실력을 다투는 대회—옮긴이

21 발치에 가까이 붙어서 따라 걸으라는 지시어—옮긴이

는지 물을 사람은 아무도 없다.

일단 행동이 학습되면 조건 강화물의 사용은 음식 주는 시간을 늦춰 줄 뿐만 아니라 결국은 음식을 점점 덜 주게 해 준다. 물론 개는 실수 없이 제대로 행동하게 하면서 말이다. 일이 끝나기 전에 개의 배가 꽉 차 버릴까 걱정할 필요도 없다. 나는 애견 전람회에서 개가 좋은 자세나 집중하는 태도를 갖추게 만들려고 핸들러들이 미끼로 유인하거나 먹이를 주는 광경을 자주 목격하곤 한다. 개의 목구멍으로 끊임없이 음식이 넘어가는 것을 보는 순간 그 사람이 조건 강화물이 무엇인지 이해하지 못하는 사람이란 것을 알게 된다. 그렇게 하기보다는 바람직한 자세를 '형성' 해 내고 음성 신호를 개발하고 개가 충분한 시간 동안 적당한 자세를 유지한 것을 클릭 소리로 강화하는 것이 훨씬 더 효과적이다. 음식은 무대 밖으로 나갔을 때 또는 심사위원이 다음 참가자 앞으로 이동한 후에 주는 것이다.

조건 강화물의 장점은 실질적인 강화가 바람직하지 않거나 사실상 불가능한 상황일 때도 올바른 정보를 전달해 동물의 행동에 영향을 미칠 수 있다는 것이다. 이 간단한 조건 강화물이 냄새 탐지 및 추적, 오랫동안 앉아 있거나 엎드려 있기, 대소변 가리기, 새 찾기pointing[22] 및 새 날리기flushing[23] 같이 우리와 떨어져서 일해야 하는 개들의 행동에 얼마나 유용할지 생각해 보자.

7. 긍정적인 방법으로 잘못된 행동 통제하기

'교정correction'이 아니라 긍정적인 방법으로 나쁜 행동을 통제할 수 있다는

---

[22] 포인터 같은 품종들은 사냥감인 새의 위치를 파악하면 멈춰서 앞발을 들어 그 방향을 가리키는데 이것을 포인팅이라 한다―옮긴이
[23] 코커 스패니얼 등 몇몇 새 사냥개들은 직접 새를 사냥하기보다는 수풀 속을 부산스럽게 뛰어다니며 새를 공중으로 날려 보내 사냥꾼이 총을 쏠 수 있게 돕는데 이것을 플러싱이라 한다―옮긴이

말이 비합리적으로 들릴 수도 있겠지만 돌고래 조련사들은 이런 방법을 셀 수 없이 많이 알고 있다. 다음은 그 세 가지 예다.

1. 조건형성된 부적 강화물 설정하기

우선 알아야 할 것은 '부적negative' 이란 단어가 들어갔다고 해서 '나는 너를 때릴 거야물론 그렇게 설정할 수도 있겠지만.'를 의미하는 신호는 아니라는 것이다. 여기서 우리가 말하는 부적 강화물negative reinforcer이란 '안 돼, 나는 너를 강화하지 않을 거야.'를 의미하는 신호다. 즉, 동물이 하고 있는 어떤 특별한 노력에 그 어떤 보상도 해 주지 않을 것임을 동물에게 말해 주는 것이다. 동물은 이 '빨간 불' 또는 '틀렸어'라는 신호를 받으면 자기가 하고 있는 행동을 바꿔야 한다는 사실을 아주 빨리 배운다. 예를 들어 개가 반갑다고 사람을 향해 뛰어드는 것을 하지 못하도록 가르칠 때[24] 이런 신호를 사용할 수 있는데, 뛸 때는 아무 반응도 보이지 않다가 얌전히 바닥에 네 발을 붙이고 서서 기다릴 때 어루만짐 같은 강화물을 주면 된다.

> **용어 설명**
>
> **정적 강화(positive reinforcement)**
> 좋아하는 것을 '제공(positive)' 해서 그 행동을 강화하는 것을 정적 강화라고 하고, 이렇게 어떤 행동에 뒤따라 '제공' 했을 때 그 행동을 유지, 증가시키는 자극을 정적 강화물이라 한다. 긍정적 강화, 양성 강화라고도 한다.
>
> **부적 강화(negative reinforcement)**
> 싫어하는 것을 '제거(negative)' 해서 그 행동을 강화하는 것을 부적 강화라고 하고, 이렇게 어떤 행동에 뒤따라 '제거' 되었을 때 그 행동을 유지, 증가시키는 자극을 부적 강화물이라 한다. 부정적 강화, 음성 강화라고도 한다.

2. 상반 행동 훈련에 정적 강화 사용하기

오래전 수족관에서 돌고래 쇼를 담당하고 있을 때의 일이다. 돌고래 한 마

---

[24] 해외에서는 개가 사람에게 뛰어드는 것을 무례한 행동으로 생각한다. 큰 개의 경우 사람을 넘어뜨려 다치게 할 수도 있고 낯선 사람들에게는 위협적으로 느껴질 수 있기 때문이다.옮긴이

리가 공연 때마다 조련사를 괴롭혔다. 우리는 조련사에게 전기 충격기 또는 그밖에 처벌을 줄 수 있는 다른 기구를 쥐어 주는 대신 그 돌고래에게 물속에 있는 버튼을 누르게끔 훈련시켰는데 그 버튼을 누르면 호루라기

> **용어 설명**
> **상반 행동(incompatible behavior)**
> 그 행동과 절대로 동시에 일어날 수 없는 대립되는 행동. 한 상황에서 바람직하지 않은 행동과 바람직한 행동은 동시에 일어날 수 없다. 예를 들면 사람을 무는 것(바람직하지 않은 행동)의 상반 행동은 사람을 물지 않는 행동(바람직한 행동)이다. 즉, 바람직하지 않은 행동을 보일 때 그 행동의 상반 행동을 찾아 그것을 강화해 주면 된다.

소리와 물고기를 얻을 수 있었다. 그리고 조련사가 물속에 있을 때마다 돌고래에게 버튼을 누를 것을 지시했다. 돌고래로서는 버튼을 누르는 것과 조련사를 성가시게 구는 것을 동시에 할 수 없는 노릇이었다. 이 두 가지 행동은 양립될 수 없는 것이었고 결국 버튼을 누르는 행동이 더 강화되면서 돌고래는 더 이상 조련사를 괴롭히지 않게 되었다. 이 방법을 사용하면 가족들의 식사 시간 동안 개가 거실 한쪽에 엎드려 있게끔 가르칠 수 있고 결국 개는 식탁 옆에서 음식을 구걸할 수 없게 된다.

3. 타임아웃

돌고래는 공격성을 보이는 등 가끔씩 정말 나쁜 행동을 하기도 한다. 예를 들어 조련사의 손을

> **용어 설명**
> **타임아웃(time-out)**
> 문제 행동을 없애기 위해 일정 기간 동안 정적 강화물을 차단하는 것을 말한다.

자기 머리로 치거나 이빨을 휘두르는데 이런 행동을 하면 조련사들은 그 즉시 등을 돌려 트레이닝용 도구와 물고기 양동이를 잡아채서는 1분간 자리를 떠난다. 이제 재미있는 일들은 모두 끝나 버렸다는 의미다. 그러면 돌고래는 아주 실망한 표정으로 물 밖으로 고개를 빼죽 내밀고 있는다. '이봐요, 내가 어떻게 하면 돼요?' 몇 번 이 과정이 반복되면 돌고래는 태도를 조심하는 법을 배우게 된다. 개의 경우도 똑같은 과정을 적용할 수 있다. 개가 문제를 일으킨다면? 그 즉시 클리커와 포상을 치워 버리고 즐거운 시간을 끝내 버리자.

이렇듯 타임아웃은 돌고래가 인간에게 보이는 공격성을 효과적으로 제거할 때 조련사들이 사용하는 방법이다. 다 자란 수컷 범고래[25]처럼 아주 우위 성향이 높은 동물에게도 효과적이다. 하지만 이 방법은 동물에게 정신적인 고통을 주기 때문에 정말 피치 못할 상황에서만 극히 조심스럽게 사용되어야 한다.

4. 잘못된 행동을 통제하는 것보다 좋은 행동을 강화하려는 마음가짐이 중요하다

강화를 사용하는 것은 트레이너의 일에서 많은 부분을 차지하는데 생각이 많이 필요한 일이기 때문이다. 세상에, 얼마나 힘든 일인지! 다른 누군가의 규칙을 생각없이 따르는 것이 정말이지 훨씬 더 쉽다. 개가 집을 엉망으로 만들어 놓았을 땐 그 위에 코를 비비며 야단치고, 산책하는 중에 개가 얌전히 힐링heeling 하지 않을 때엔 줄을 날카롭게 홱 잡아채고. 그러나 정말 강화시켜 주고자 하는 행동이 무엇인지를 열심히 생각한다면 우리는 훨씬 더 훌륭한 트레이너가 될 수 있다. 그리고 완벽한 타이밍에 강화물을 제공하는 데 필요한 '집중력'은 자칫 따분해질 수 있는 훈련 과정을 설렘과 긴장감으로 채워 준다.

동물 입장에서 봤을 때 이런 종류의 트레이닝은 '말 안 들었다가 고생하지 말고 순순히 시키는 대로 행동하기 싫은 따분한 일에 불과한 시시한 행동하는 법'을 학습했느냐의 문제가 아니다. 이 트레이닝은 계속 동물에게 이길 수 있는 기회 그리고 자기 세계의 적어도 일부만이라도 통제할 수 있는 기회를 제공해 준다. 돌고래의 입장에서 살펴보자. 호루라기 소리가 무엇을 의미하는지 배운 이상 이제 돌고래에게 훈련이란 단순히 명령과 복종을 상호교환하는 의미가 아니다. 트레이너로 하여금 호루라기를 불게끔 만드는 다양한 방법을 '발견' 해 내려는 정답 맞추기 게임이다. 엄격한 규칙이 존재하는 게임이지만 양쪽 모두에게 공평하기도 하다. 돌고

---

25 killer whale : 영화 〈프리윌리〉에 주인공으로 나오며 세계적인 인기를 끈 대형 육식 고래—옮긴이

래는 자신에게 복종적인 조련사의 모습을 즐기고 있을 것이 틀림없다.

사실 조건형성된 정적 강화물positive reinforcer의 사용 효과는 단순한 공짜 먹이 주기가 할 수 있는 것보다 훨씬 더 강력하다. 그동안의 잘못된 행동을 통제하는 것에 의존하던 태도를 버리고 명쾌하게 정리된 조건형성된 신호를 사용해 좋은 행동을 강화하고 형성해 나가기 시작한다면 개는 새로운 시선으로 우리를 존경하게 될 것이다.

'드디어 우리 "사람"이 말이 통하는 존재가 되었구나!'

적절한 보상 해 주기
클리커 트레이닝은 개에게 계속 이길 수 있는 기회를 준다. 개가 기다려 신호에 따르고 있다. 클릭! 개는 정확한 행동을 한 것에 보상(클릭 소리)을 받았고 포상(먹이)도 받았다.

II. 클리커를 이용한 기본 트레이닝
A Few Easy Behaviors to Train with a Clicker

우리는 보통 '잘 훈련된 개' 하면 집에 온 손님에게 뛰어들지 않고, 많이 짖지 않고, 소파 위에도 올라가지 않는 등 잘못된 행동을 전혀 하지 않는 개를 떠올린다. 때문에 '훈련' 하면 나쁜 행동을 제거하는 일로 생각하기 쉽다. 훈련이란 개가 뛰어오르고, 짖고, 줄을 잡아당기는 것 등을 못하게 하려고 우리가 하는 무엇이고 그래서 기존의 전통적인 훈련에서는 통제와 방지가 큰 부분을 차지하는 것으로 보인다. 즉, 개를 다그치거나 줄을 홱 잡아당겨 무언가를 하게 만들고 개가 그것을 '틀리게' 할 경우에는 그 행동을 '올바르게' 하는 법을 배울 때까지 또다시 줄을 잡아채며 그것을 교정한다.

그러나 클리커 트레이닝 또는 조작적 조건형성은 이런 기존의 훈련법과 매우 다르다.

> **포인트**
> 기존의 훈련 방식이 잘못된 행동을 통제하는 데 집중하는 방식이라면 클리커 트레이닝은 올바른 행동을 격려하고 강화하는 데 집중한다는 점에서 차이가 있다. 때문에 클리커 트레이너들의 목표는 사람들에게 '행동을 만드는 방법'을 알려 주는 것이다. 이 시스템을 이해하면 우리가 원하는 행동은 무엇이든지 만들어 낼 수 있다.

클리커 트레이닝은 아주 새로운 방법으로 예의바른 개를 만드는데, 개가 잘못된 행동을 하는 것을 막는 대신 올바른 행동 즉, 손님에게 예의바르게 인사하고, 짖어야 하는 순간에만 짖고, 산책할 때 줄을 잡아당기지 않고, 허락된 곳 소파가 아닌 마룻바닥 위, 화단이 아닌 잔디 위에만 가는 것을 가르친다는 점이 크게 다르다.

의사나 차량 정비사를 찾아온 듯한 태도로 개 훈련사들을 만나는 사람들이 있다. "우리 개한테 문제가 있어요. 뭐가 잘못됐는지, 또 어떻게 고치는지 방법을 알려 주세요." 하지만 클리커 트레이너들은 그런 식으로 일하지 않는다. 보통 클리커 트레이너들의 목표는 사람들에게 '행동을 만드는 방법'을 알려 주는 것이다. 우리가 그 시스템을 이해한다면 원하는 행동은 어떤 것이든 전부 만들어 낼 수 있다.

사실 클리커와 포상을 이용해 특정 행동을 개발시키는 데 천편일률적으로 정해진 비결이나 비법 같은 것은 없다. 개에게 '줄을 잡아당기지 않고 예의바르게 산책하는 법'을 가르치는 것 하나만 놓고 봐도 나를 비롯한 모든 클리커 트레이너들이 자신만의 유용하고도 효과적인 방법을 가지고 있다. 대신 몇 가지 기본 행동에 대한 간단한 가이드라인만 따르면 되는데 반드시 지켜야 하는 것이라기보다는 어디서 어떻게 시작해야 하는지를 일러 주는 것으로 이해하면 되겠다. 그 기본 행동들 중 어떤 것으로도 시작할 수 있는데, 개마다 잘하는 것이 조금씩 다르기 때문에 개가 자신에게 좀 더 쉬운 과제를 찾아내 먼저 할 수도 있겠다. 또 원한다면 한 번의 세션에서 그 모두를 다 해 볼 수도 있다.[26] 한 가지 더, 개에 따라 각각의 트레이닝 세션도 달라진다는 점도 기억하자. 우리는 상황에 따라 '즉흥적으로' 우리의 '창의력'을 발휘해야 한다. 때로는 동물이 사람보다 훨씬 더 빨리 이 시스템을 이해하기도 한다. 참을성을 가지고 즐기면 된다.

1. 기본적으로 필요한 것

책을 읽거나 토론하는 것으로 춤추는 법 또는 악기 연주법을 배울 수는 없듯이 클리커 트레이닝 또한 직접 몸을 움직여서 배워야 한다. 우선 트레이닝시킬 동물이 필요하고 그 동물이 좋아하는 음식이 있어야 하며 2-3분 정도씩의 여유 시간이 있어야 한다.

세션을 시작하기 전에 소시지, 남은 닭고기, 부드러우면서 단단한 치즈 등 '아주' 맛있는 포상용 먹이를 20-30조각 정도 준비한다. 보통 클리커 트레이너들은 이런 종류의 먹이를 모두 사용하는데 작은 조각으로 만드는 것이 중요하다. 나는 완두콩만 한 크기를 권장한다. 몰티즈처럼 작은 개에게는 한 조각만으로도

---

[26] 만약 문제에 부딪친다면 먼저 이 책의 '3장. 15가지 클리커 트레이닝 팁'과 '4장. 자주 묻는 질문 24가지'를 살펴보자. 처음 시작하는 사람들 대부분이 같은 문제나 의문점을 갖고 있기 때문에 도움이 될 것이다. 또, 뒷부분의 참고 자료도 살펴보자. 이미 많은 사람들이 해냈듯이 이 기술은 시행착오와 공부를 통해 스스로 배울 수 있는 것이다-지은이

대서특필감일 테고 다 자란 그레이트 데인이라면 한 번에 여러 개씩은 줘야 입안에 뭔가 들어왔구나 하고 느낄 수 있겠다.

처음에는 기성품은 사용하지 말자. 나중에는, 예를 들어 이미 트레이닝받은 행동을 낯선 환경에서도 할 수 있도록 강화할 때는 주머니 안에 깨끗하고 잘 건조된 상업용 제품을 넣어 다니며 사용할 수 있다. 하지만 지금은 당신과 개가 새로운 방법으로 의사소통하는 법을 처음 배우는 순간인 만큼 신선한 진짜 음식을 사용할 것을 권장한다. 진짜 음식이 더 맛있을 뿐만 아니라 시판되는 제품들은 대부분 씹는 데 시간이 좀 걸린다. 그게 문제가 되냐고? 큰 문제가 된다. 클리커 트레이닝은 '타이밍'이 전부라 해도 과언이 아니고 클리커 트레이닝을 통해 행동형성을 해 나가는 동안에는 주거니 받거니 서로의 의사를 교환하는 리듬이 생기는데 이것이 학습의 일부이기 때문이다. 음식을 씹느라 발생하는 불규칙적인 '정지' 때문에 리듬이 계속 방해를 받는다면 개뿐만 아니라 '사람'도 곧 다른 뭔가를 하고 싶은 기분이 들기 쉽다. '텔레비전에서 뭘 하는지 잠깐 볼까?'사람', '다른 개들이 지난밤 내 구역에서 뭘

클리커 트레이닝에 필요한 것들

개가 좋아하는 음식(소시지, 닭고기, 치즈 등을 완두콩알만 하게 작게 자른 것), 포상용 먹이 가방, 클리커, 함께 공부할 멍멍이, 그리고 약간의 시간

여러 가지 포상용 먹이

처음에는 위쪽처럼 신선한 진짜 닭살코기나 치즈 조각 등을 이용하는 게 좋다. 개에 따라 다르지만 보통 작은 콩알 크기가 적당하다.

했는지 둘러볼까?개' 그러니 적어도 처음만큼은 확실히 해 두자. 우리가 주는 대가는 개가 한입에 통째로 삼킬 수 있는 것이어야 한다. 그래야 중단 없이 계속 의사소통해 나갈 수 있다.

2. 클릭 소리와 포상 연결짓기

1. 첫 번째 세션에서 필요한 것들

첫 번째 세션은 단지 몇 분간일 뿐이지만 평화롭고 차분한 환경 및 마음가짐이 필요하다. 새로운 뭔가를 배우고 있기는 개나 당신이나 마찬가지다. 의미 없는 방해 요소들로부터 차단될 필요가 있다. 개나 당신이나 집중력을 방해받을 일이 없는, 또 기분을 편안하게 해 줄 장소를 고르자. 거실도 좋고 부엌도 좋다. 단, 야외는 개의 관심을 끄는 일이 너무 많이 일어나기 때문에 피하자. 개와 당신이 조용히 남겨질 수 있을 때를 기다리자. 또 마지막으로 당신이 틀렸을 때 지적해 줄 수 있는 참관자들이 필요하다. 여러 마리의 개를 키우고 있다면 다른 개들은 잠깐 다른 장소에 있게 한다.

손이 닿는 편한 위치에 접시나 그릇을 두고 포상용 먹이를 넣어 두되 개는 닿을 수 없는 곳이어야 한다. 트레이닝을 하는 동안에는 계속 주변을 돌아다닐 준비를 하자. 소파에 앉아만 있어서는 안 된다. 당신이 계속 움직이면 개는 자신도 계속 움직여야 한다는 것을 더 쉽게 이해할 수 있다.

어떤 개들은 처음에는 먹이 포상에 별로 관심이 없는데 그래도 괜찮다. 일단 클리커의 의미를 깨닫게 되면 포상에 대한 열의는 자연스럽게 생기기 마련이다. 언제나 그렇듯 최초의 클리커 트레이닝 세션은 식사 시간 직전에 짧게 갖는 것이 가장 좋은데 개의 일상적인 식욕이 개의 흥미와 참여도를 높여 주기 때문이다.

2. 강아지도 괜찮을까?

클리커 트레이닝은 새 식구가 될 강아지를 집에 데리고 온 첫날부터 시작할 수도 있다. 개 목줄 및 줄을 이용한 전통적인 훈련법과는 달리 클리커 트레이닝에는 개를 놀라게 하거나 잠재적으로 해로울 수 있는 그 어떤 요소도 없기 때문에 강아지가 특정 나이가 될 때까지 기다릴 필요가 없다. 게다가 강아지들은 음식 추적 미사일이기 때문에 어떻게 하면 당신이 클리커를 누르게 만들지 알아내는 것을 그야말로 '사랑' 하고 나이든 개들보다 훨씬 빨리 배우기도 한다.

생후 6개월 된 강아지는 물론이고 여섯 살 또는 열여섯 살 된 개를 데리고도 클리커 트레이닝을 시작할 수 있다. 나이에 상관없이 모든 개들이 이 게임을 즐긴다. 또 개의 품종, 성별, 기질이 어떠한지도 전혀 문제되지 않는다. 클리커 트레이닝은 지나치게 열정적이거나 넘치는 힘을 주체 못해 잠시도 가만히 있지 못하는 개들에게도 적격이며 반대로 조용하고 위엄 있어 보이는 개, 겁 많고 소심한 개에게도 효과적이다.

자, 이제부터 누구나 따라해 볼 수 있는 기초적인 트레이닝 연습이 몇 가지 소개될 것이다. '앉아 그리고 엎드려', '이름 부르면 오기', '여유롭게 산책하기', '타겟 트레이닝', '상자로 하는 기초 훈련' 등 이 중에서 무엇으로든지 시작할 수 있고 모두 다 해 볼 수도 있다. 이때 개마다 달라서 여느 것에 비해 더 쉽게 하는 행동이 있을 수 있다. 반면 서너 번의 세션을 마쳤는데도 발전이 보이지 않는다면 개가 하고 싶어 하는 새 행동을 마음껏 하도록 내버려 두자. 나중에 원래 했던 행동을 다시 하면 된다.

3. 클릭 소리와 포상의 연관성 알려 주기

포상을 줄 수 있도록 미리 준비한 뒤 클리커를 누르는 동시에 개의 입 바로 아래 포상을 내민다. 그래야 개가 쉽게 먹을 수 있다. 그리고 조금 이동한다. 이 과정을 몇 차례 반복한다. 이렇듯 클릭 소리를 들려준 뒤 포상을 주는 몇 번의 반

클릭 소리와 포상을 반복한다

클릭 소리와 포상 간의 관계를 연결지을 수 있도록 '클릭하고 포상 주기'를 여러 번 반복한다. 곧 개는 '클릭 소리가 나면 기분 좋은 일이 생긴다!'는 사실을 배우게 된다. 사진은 이리저리 위치를 옮겨 다니며 클릭 소리와 포상을 반복하고 있는 모습인데 그래야 개가 특정 위치나 장소를 신호로 오해하지 않는다.

복 과정은 클릭 소리가 무엇을 의미하는지를 개에게 쉽게 이해시켜 준다. 이제는 클리커를 누른 뒤 포상을 개의 입에 넣어 주기까지의 시간 간격을 조금씩 다르게 한다. 어떤 때는 그 즉시, 어떤 때는 한 박자 또는 두 박자 늦게 준다. 단, 항상 클릭을 먼저 한 뒤 포상을 준다는 점을 기억하자. 클릭을 할 때까지는 손 안에 포상을 조용히 쥐고 있거나 손을 등 뒤로 숨기고 있자. 그래야 무의식적으로 손을 움직여 개에게 잘못된 신호를 주는 실수를 범하지 않는다. 때로는 개가 클릭 소리의 중요성을 더 잘 깨달을 수 있도록 개에게 포상을 주고 몇 초 정도 기다린 후에 다음 클릭 소리를 들려줄 수도 있다.

자, 이제는 클릭을 한 뒤에 개가 잘 볼 수 있는 바닥_{또는 먹이 그릇}에 포상을 던지자. 필요하다면 개가 포상의 위치를 찾을 수 있게 도와주자. 지금 우리는 개에게 클릭 소리 뒤에는 언제나 음식이 온다는 사실을 보여 주고 있다. '그러나' 매번 똑같은 장소에 오는 것은 아니며 당장 오지 않을 수도 있음을 알려 줘야 한다. 이 과정을 두세 번 정도 반복한다.

어떤 클리커 트레이너들은 개를 클리커에 조건형성시키기 위해 이 첫 입문 과정을 수없이 반복하는 것을 좋아하는데 나는 일단 해 보는 편을 더 좋아한다. 개가 클릭 소리를 듣고 귀를 쫑긋 세우는 순간이야말로 개_{동물}에게 무엇보다도 가장 중요한 정보, 즉 '아, 이 동작을 하면 클릭 소리를 들을 수 있구나!' 라는 것을 알려 줄 준비가 끝난 상태다. 이 단계라면 이제 본격적으로 클리커 트레이닝을 시작할 수 있다.

3. '앉아' 와 '엎드려'

1. 1단계_앉게 만들기

이제 개가 앉을 때 클리커를 눌러 보자. 먼저, 편한 손에 클리커를 쥐고 다른 손에는 포상을 쥔 채 그 손을 개의 머리 위 귀 사이를 지나 뒤쪽으로 움직인다. 이제 개는 한껏 위를 처다보게 된다. 위를 바라볼 때 클릭한다. 과정을 반복한다. 그리고 한두 걸음 뒤로 물러나 개를 당신 쪽으로 오게 만든 뒤 개가 당신 얼굴을 올려다본다면 클릭한다. 반복한다.

이제 개 위쪽으로 몸을 아주 살짝 기울이자. 이렇게 하면 개도 몸을 뒤로 기울이게 되면서 꼬리 끝도 내려가게 된다. 이 움직임에 대해 클릭을 한다. 포상을 준다. 반복한다. 빠르게 움직여 클릭을 자주 하자.[27] 그리고 개 뒷다리를 보고 있다가 접히기 시작하는 찰나에 클릭하자.

어느 순간이 되면 개가 앉을 것이다. 그 즉시 클릭을 하고 바로 포상을 준다. 다시 한 걸음 뒤로 물러난 뒤 개를 유인해 당신 앞으로 오게 하고 기다린다. 그리고 당신이 그 어떤 힌트도 주지 않았는데 개가 앉는지를 지켜보자. 그렇게 했다면 그 즉시 클리커를 누르자. 과정을 반복한다. 이번에는 옆으로 한두 걸음 이동한다. 미소를 지어 보이며 계속 시선을 사로잡고 있으면 정지 자세의 개는 대부분 자신의 '행운의 앉기'를 시도할 것이다. 클릭 그리고 포상!

클릭 소리를 들으면, 그래서 포상을 받을 수 있게 되면 개는 보통 다시 뛰어 오르기 시작할 것이다. 그래도 '괜찮다.' 전통적인 훈련법과는 달리 클리커 트레이닝에서는 우리가 먹이를 주고 있을 때 개가 하는 행동에 대해서는 신경 쓰지 않는다. 우리가 신경 쓸 것은 클릭을 하는 순간의 행동뿐이다. 클릭 소리는 우리가 원하는 행동을 '표시' 해 주는 것이다. 개는 별다른 도움 없이도 우리가 클릭을 했

> **포인트**
>
> 클리커 트레이닝에서는 기존의 전통적인 훈련법과는 달리 포상을 주는 순간 개가 하고 있는 행동에 대해서는 신경 쓰지 않는다. 우리가 신경 쓸 것은 '클릭을 하는 순간'의 행동뿐이다. 클릭 소리야말로 우리가 원하는 행동을 '표시' 해 주는 것이기 때문이다.

---

[27] 처음에는 아무 보상도 주지 않은 채 그냥 시간이 흘러가게 해서 개가 흥미를 잃어버리게 하기보다는 개가 한 게 별로 없을 때도, 말하자면 아이콘택트(eye-contact) 정도에도 클릭을 해 주는 편이 더 낫다는 것을 기억하자–지은이

을 때 자신이 하고 있던 행동을 기억한다.

한편 개가 처음에 앉지 않는다면 어떻게 해야 할까? 참을성을 가지고 기다리면 된다. 엉덩이 위치가 낮아지려는 조짐이 보인다거나 뒷다리가 조금이라도 접히는 경향이 있는 순간에 클릭하자. 개를 닦달하지도 말고 무엇을 하라고 말하지도 말자말한다 해도 개가 어떻게 그 말을 알아들을 수 있을까?. 걱정할 필요 없다. 클리커 트레이닝에서는 개에게 주문하는 식으로 일을 시작하지 않는다. 먼저 우리는 행동을 얻는다. 그 후에 그 행동에 이름을 붙인다.

만약 개가 당신을 덮칠 기세로 펄쩍펄쩍 뛰어 댄다면 어떻게 할까? 그 행동을 무시하면 된다. 그리고 그 행동이 사라질 때까지 기다린다. 개가 점프를 멈추고 땅 위에 양쪽 앞발을 딱 붙이고 있을 때 앞서 말한 앉기 유도용 손동작을 다시 시작하면 된다.

> **포인트**
> 클리커 트레이닝에서는 개에게 주문하는 식으로 일을 시작하지 않는다. 클리커 트레이닝의 법칙! 행동을 얻는다. 그 행동을 클리커로 '표시' 한다. 행동이 완전해지고 나면 그 뒤에 행동에 이름(지시어)을 붙인다.

2. 2단계_앉아 있는 시간 늘리기

이제는 개가 앉아 있는 시간을 늘릴 차례다. 먼저 개가 앉을 때까지 기다리자. 클릭. 포상. 그리고 개가 그 다음에 앉았을 때는 당장 클릭해 주지 않는다. 포상을 가진 손을 치운다. 그래도 여전히 개가 앉아 있다면? 클릭. 포상. 이렇게 클리커를 누르는 타이밍을 조금씩 늦추면 개에게 클릭 소리가 날 때까지 그 자리에 가만히 앉아 있는 것을 가르칠 수 있다. 개를 앉아 있게 하기 위해서 계속 클리커를 눌러 댈 필요가 없다. 이 단계쯤에서 개들은 으레 클릭 소리와 동시에 행동을 끝내 버리는데 클릭 소리를 늦추는 것으로 그 행동을 유지하게끔 시간을 끌 수 있다. 개에게 말하지 말자. 의미없이 쏟아 내듯 말하는 것은 더욱 안 된다. 아무 정보도 주지 못한 채 혼란만 더해 줄 뿐이다. 조용히 하자.

클리커 트레이닝 '앉아'

1. 개는 이미 클릭 소리와 포상 간의 관계를 확실히 이해한 상태다. 개가 계속 클릭 소리와 포상을 기다리고 있다.
2. 스스로 앉을 때까지 기다리는 것도 좋고 앉게끔 유도해 주는 것도 좋다. 개 위쪽으로 핸들러가 상체를 살짝 기울이자 개도 몸을 뒤로 기대며 앉는다(또는 손 안에 먹이를 넣은 뒤 그 손을 개의 머리 위쪽으로 천천히 내밀면 손을 바라보기 위해 앉을 수밖에 없다). 엉덩이를 땅에 내리는 바로 그 순간에 클릭!
3. 포상을 줄 때 앉아 있던 개가 일어나는 것은 상관없다. 이미 클릭 소리로 적절한 행동을 표시했고 클리커 트레이닝에서 중요한 것은 클릭을 하는 순간이지 포상을 주는 순간이 아니기 때문이다.

3. 세션 끝내기

연구 결과, 세션을 짧게 여러 번 반복하는 것이 길게 서너 번 하는 것보다 훨씬 더 효과적이란 사실이 밝혀졌다. 당신의 첫 번째 세션도 아마 4-5분을 넘지 않았을 것이다. 당신과 개 둘 다 더 이상 즐거운 상태가 아니라면 당장 멈추자. 첫 번째 수업, 심지어 두세 번째 수업을 할 때까지도 1단계 또는 2단계 진도를 못 따라갔을 수 있다. 그래도 상관없다. 반대로 이 새로운 게임을 30분 이상 하고 싶어 하거나 첫 번째 수업에서 6단계까지 진도를 마쳐 버리고 싶은 욕망에 휩싸인 당신의 모습을 발견할지도 모르겠다. 그 또한 괜찮다. 어떤 개들은 2단계를 하기 전에 3단계나 4단계를 먼저 해 버릴 수도 있다. 그래도 좋다. 이럴 경우엔 그대로 진행한 뒤 나중에 앞 단계로 돌아가면 된다. 또 어떤 바람직한 행동을 클릭 두 번 만에 얻어 냈다 해도 좋다. 모든 클릭이 중요하다. 매번 올바른 행동을 했을 때 클리커를 '제대로, 확실히' 누르는 것이 중요하고 그래서 개와 의사소통하는 것이 중요한 것이지 개가 순서대로 몇 단계까지 했느냐가 중요한 게 아니다. 아무리 사소하더라도 발전해 나가는 자체가 중요한 것이다.

이 게임을 처음 배울 때 개들이 종종 그렇듯 당황스럽게 개가 트레이닝을 그만둬 버린다면, 또는 당신이 혼란스럽다거나 스스로 참을성이 없어져 짜증이 나거나 화가 난다고 느껴진다면 당장 멈추고 나중에 다시 해야 한다. 트레이닝 세션들 사이사이에도 놀라운 양의 학습이 진행되는데 특히 세션의 길이를 짧게 유지하면 더욱 그렇다. 오늘은 해낼 수 없었던 문제가 내일 저절로 해결되어 있는 것을 경험할 수도 있다.

4. 3단계_엎드리도록 유인하기

개가 처음으로 혼자 앉았거나 당신이 손으로 앉아 있게끔 유도하지 않았는데도 몇 초간 앉아 있다면 이제 포상을 주는 손을 개가 엎드리도록 유도하는 데

클리커 트레이닝 '엎드려'

1. 개가 앉는 것을 잘 해낸다면 '엎드려'도 쉽게 할 수 있다.
2. 먹이가 들어 있는 손을 개의 코앞에서 양 앞발 사이로 천천히 내리자 몸을 낮추는 개. 엎드리자마자 클릭하고 포상을 준다. 먹이가 든 손으로 엎드리게끔 유도하는 행동은 차츰차츰 없앨 수 있다.
3. 또는 먹이가 든 손을 내리는 것을 보자마자 일어서 버릴 수도 있는데 손을 바닥에 계속 붙이고 있으면 몸을 낮출 수밖에 없다. 몸이 내려가는 순간 클릭.
4. 결국 개가 엎드려 자세를 계속 유지하고 있다면 이 행동에 대해 다시 클릭하고 포상을 줄 수도 있다.

사용할 수 있다. 손 안에 포상을 놓고 주먹을 쥔다. 개가 앉아 있는 동안 코 가까이로 손을 가져간다. 그리고 그 손을 천천히 개의 양 앞발 사이로 내린다. 이때 손은 개와 아주 가까이 있어야 한다. 코가 손을 따라 내려오면서 몸을 뒤로 기대기 쉽고 결국은 엎드리기 시작한다. 처음으로 앞다리가 접히는 찰나에 클릭을 한다. 그리고 포상을 준다. 두 번째에는 좀 더 아래에서 유인하고 손이 바닥에 닿으면 부드럽게 빼낸다. 개가 엎드렸는가? 좋다. 클릭. 그런데 이때 개가 벌떡 일어났다면? 그래도 좋다. 그건 아무 상관없다. 클릭을 하는 순간이 중요하다는 것을 떠올리자. 개가 서 있다 해도 포상을 주자. 그리고 다시 엎드리게 유인하면 된다.

5. 4단계_스스로 엎드리게 하기

적당한 때[28]가 되면 차츰 개를 아래쪽으로 유인하는 동작을 줄여 나간다. 이제는 개에게 당신이 먹이를 가지고 있다는 사실을 알려 주되 개 코를 아래쪽으로 유인하지 말자. 기다리자. 이제는 개가 '스스로' 의 의지로 엎드리는 것을 기다린다.

완벽한 '엎드려' 행동을 기다릴 필요는 없다. 앞발이 앞으로 슬며시 미끄러지기만 해도, 앞다리 관절이 구부러지기만 해도, 또는 개가 바닥 쪽으로 고개를 숙이기만 해도 클리커를 누르자. 포상이 바로 뒤따라오는 이 클릭 소리는 '내가 생각하는 방향이 올바른 방향 바닥 쪽으로 향하는 방향이구나.' 라는 사실을 개에게 알려 준다. 이제 다시 기다린다. 개에게 시간을 주고 엎드리기에 더 근접할 수 있도록 내버려 두자. 결국엔 완전히 엎드릴 때까지.

반복한다. 개의 행동을 지켜보자. 어쩌면 '아하! 내가 엎드리면 "우리 사람"이 클릭을 하는 거구나.' 를 알아차리는 순간이 전구에 불이 켜지듯 개 얼굴에 확연히 드러날 수도 있겠다. 이것은 생후 6-8주 된 강아지도 이해할 수 있고 이때

---

28 이것은 개인적인 판단에 따라 결정하는 것으로 정해진 규칙은 없다–지은이

강아지들은 의도적으로 엎드리기 시작한다. 심지어 바닥에 자기 몸을 내던질 수도 있다. 그런 일이 일어난다면 클리커를 여러 번 누르는 것이 아니라(클릭은 항상 한 번만 해야 한다는 것을 명심하자!) 손바닥 한가득 포상을 주는 것으로 우리의 기쁨을 알려 줄 수 있다. 이 드라마틱한 순간을 우리는 예상치 못한 선물, '잭팟[29]' 터뜨리기라 부른다.

> **포인트**
>
> 개가 처음으로 어떤 행동을 스스로 해내는 모습을 발견하면 손바닥 한가득 포상을 주는 것으로 칭찬하자. 여러 번 클릭을 반복하는 것이 아니라 '잭팟'을 터뜨려 주는 것이 중요하다. 최초의 시도와 성공을 기억에 남는 순간으로 만들어 주자. 클릭은 항상 한 번만 해야 한다는 것을 명심하자!

사실 이 과정들은 우리에게는 트레이닝이지만 개에게는 '생각하기 게임'이다. 엎드리고 기다리는 동작을 하면 사람이 클리커를 누른다는 사실, 즉 자기 힘으로 포상을 벌 수 있다는 사실을 깨닫는 순간 개는 앞으로 우리가 수많은 방법으로 응용해 나갈 수 있는 근사한 기본기를 배운 셈이다. 이때가 가장 중요한 첫 수업이자 개에게는 가장 흥미 넘치는 수업이다.

4. 트레이닝 팁_복습과 함께 새로운 세션을 시작하자

세션을 시작할 때마다 이전 단계를 복습하는 것이 좋다. 만약 5단계를 할 생각이라면 4단계를 빠르게 복습하는 것으로 세션을 시작하면 된다. 즉, 아래쪽으로 개를 유인하면서 신체의 일부를 낮추는 것을 기다려 클릭하거나 또는 혼자 완벽한 엎드리기를 할 때까지 기다려 클릭한다. 두세 번의 복습용 클릭 소리는 개가 속도를 낼 수 있도록 도와주기 때문에 트레이닝 과정을 수월하게 진행할 수 있다.

---

[29] jackpot : 슬롯머신 같은 도박이나 복권 등에서 얻은 거액의 상금―옮긴이

'엎드려'를 비롯한 특정 행동의 다음 단계는 그 행동을 유지하는 시간을 늘리고 재미를 더하고 신호를 붙이는 것이다. 신호는 수신호 또는 단어 또는 둘 다 사용한다. 이런 단계들을 진행하기 위해서는 78페이지 '클리커 트레이닝 기술 향상시키기'를 읽어 보자.

5. "이리 와." 부르면 오기

부를 때마다 개가 내게 온다? 이는 모든 반려 동물 양육자들의 간절한 바람이다. '이리 와' 훈련은 간단하지만 쉽지 않다. 사고력, 집중력, 일반적인 상식 등이 필요한데 클리커가 큰 도움이 된다.

1. 1단계_실내에서 해 보기

바닥에 앉은 뒤 개를 구슬려 당신 쪽으로 오게 한다. 개가 당신 앞에 왔을 때 클릭하고 포상을 준다. 일어선다. 움직인다. 다시 시도한다. 반복한다.

개가 다른 방에 있을 때 개를 부른다. 개가 오면 클릭하고 포상해 준다. 이 과정은 하루 중 틈틈이 예상치 못한 순간에 한다. 개가 제대로 반응했을 때는 항상 클릭하고 포상해 준다. 반면, 개가 반응을 보이지 않을 때는 더 이상 기회를 주지 말고 즉시 클리커와 포상을 치워 버린다. 훨씬 더 좋은 방법은 또 다른 개나 고양이에게 클릭하고 포상하는 모습을 그 개에게 보여 주는 것이다.

아이들이 도움이 될 수 있는데 우선 방 양쪽 벽에 한 명씩 아이가 앉은 후 한 아이가 개의 이름을 부른다. 개가 쳐다보면 그 아이가 "이리 와." 하고 부르고 바닥을 톡톡 치거나 개를 오게 할 만한 다양한 방법들을 무엇이든지 해 본다. 단, 포상을 손에 들고 흔드는 것은 안 된다 포상은 언제나 그렇듯 숨겨야 한다. 개가 아이 앞에 도착하면 클릭을 하고 개에게 포상을 준다. 이번에는 반대편에 있는 또 다른 아이가 개의 이름을 부른다. 개가 오면 역시 클릭하고 포상을 준다. 개는 이것이 얼마나 재미있는 게임인지 금방 알아차리고 클리커와 포상을 가진 두 아이 사이를 신 나게 뛰어다닌다.

2. 2단계_야외에서 해 보기

이제 야외에서 이 과정을 해 보자. 막 감옥을 빠져나온 탈주자처럼 구는 개라면 사람이 세 명 필요하다. 한 명은 긴 줄로 개를 잡고 있고 다른 두 사람은 개를 사이에 두고 양쪽에 서서 개를 오가게 만드는 역할을 한다. 신뢰감을 형성하는 데 가장 중요한 것은 음식도, 부르는 소리도 아닌 개가 자기를 부른 사람에게 왔을 때 나는 클릭 소리라는 것을 반드시 기억하자. 클릭 소리가 날 때가 학습이 일어나는 순간이다.

부르면 오기
1. 개가 이름을 부른 사람에게 가는 것을 배우고 있다. 두 명이 적당한 거리를 두고 앉아 있고 한 명이 이름을 불러 개가 오면 클릭하고 포상을 준다.
2. 반대편에 있던 또 다른 한 명이 다시 이름을 부르고 개가 도착한 순간 클릭하고 포상을 준다.

개를 산책시켜 보자. 이 연습을 할 때는 길이를 늘렸다 줄였다 할 수 있는 자동 줄이 좋다. 개가 당신에게서 꽤나 멀리 떨어져 있도록 해 주고 진짜 자유가 아닌데도 매우 자유롭다고 느끼게 해 주기 때문이다. 가까이 있든 멀리 있든 이따금씩 개를 부른다. 그리고 개가 오면 클릭하고 포상을 준다. 만약 개가 당신이 부르는 소리를 무시한다면 10-20걸음 걸어간 다음 다시 시도한다.

개가 부를 때마다 온다면 올 때마다 클릭한다. 만약 클리커를 갖고 있지 않을 때라면 입과 혀를 이용해서라도 클릭 소리를 내거나 "잘했어."라고 말하도록 한다.[30] 부를 때마다 열정적으로 당신에게 돌아오는 행동이 확실히 자리 잡힐 때까지는 공공장소에 개를 풀어 놓아서는 안 된다. 이것은 몇 주가 걸릴 수도 있는데 특히 "이리 와." 소리를 몇 해씩 무시해 왔던 개라면 더욱 그렇다. 반면 새로 온 강아지라면 며칠이면 충분하다.

> **포인트**
> 우리가 원하는 행동이 무엇인지, 그것이 어떻게 하는 것인지, 언제 하는 것인지를 개가 배우고 나면 클릭 소리는 단어로 음식은 어루만짐으로 대체될 수 있다. 언제 어디서든지 손쉽게 해 줄 수 있는 것으로 말이다.

개가 계속 줄을 당긴다면 줄 길이를 짧게 한 뒤 가만히 멈춰 서서 개가 포기할 때까지 줄을 당기게끔 내버려 둔다. 그리고 개가 바로 옆에 있더라도 개를 부른다. 그 소리에 개가 머리를 돌리는 찰나에 클릭하고 포상을 준다. 개가 당신 쪽으로 오지 않는다고 줄을 홱 잡아당기거나 꾸짖는 것은 절대 금지다. 그렇게 하는 것은 '이리 와'는 '골칫거리'를 의미한다고 가르치는 셈이나 마찬가지다.

3. 3단계 _ 야외에서 풀어 주기

개를 집에서 멀리 데리고 나와 줄을 풀어 줄 때[31]는 처음에는 울타리가 있

---

[30] 명쾌한 방법은 아니지만 아무것도 안 하는 것보다는 낫다-지은이
[31] 국내의 경우에는 개를 데리고 공원에 갈 때는 반드시 줄을 착용하도록 법으로 정해져 있다는 것을 기억하자. 줄 미착용 시 과태료 10만원-옮긴이

는 안전한 장소를 택하고 가급적이면 흥미로운 것들이 없을 만한 아주 따분한 장소를 고르는 것이 좋다. 그런 곳이라면 개가 실컷 냄새를 맡으며 돌아다니도록 내버려 둔다. 어느 정도 시간이 지난 뒤 "이리 와."라고 부르며 초대하듯 몸을 숙여 신호를 더 확실하게 해 준다. 개가 오면 클릭, 잭팟, 그리고 집으로 돌아가기. 이 최초의 시도와 성공을 기억에 남는 순간으로 만들어 주자.

● **야외에서 개가 불러도 오지 않는다면?**

밖에 있을 때 개가 불러도 오지 않는다면? 즉시 그쪽으로 가서 개를 붙잡고 줄을 채운 후 집으로 혹은 실내로 데리고 들어간다. 당신이 부르는 소리를 4-5번씩 무시하고 난 뒤 기어코 오게 만드는 것은 좋지 않다. 처음 4-5번 부를 때까지는 무시해도 좋다는 것을 가르치는 셈이기 때문이다. 또 겨우 개를 붙잡았다 해도 이때 절대 야단치거나 처벌해서는 안 된다. 그러면 '잡히는 것은 고통스러운 것'이라고 생각하게 만들고 결국 개는 안 잡히려고 애쓰게 된다. 그저 조용히 개를 데리고 집으로 가면 된다. 한편, 개가 순순히 잡혀 당신이 줄을 채우는 것을 허락하는 순간에도 클릭을 하고 포상을 줄 수 있다. 이렇게 하면 개가 사람의 손이 닿지 않은 거리에 떨어져 있으려 하는 성향을 없앨 수 있다.

부를 때마다 착실하게 잘 오던 개가 갑자기 귀머거리가 된 것처럼 구는 순간이 올 수도 있다. 이때 할 수 있는 방법이 하나 있다. 개를 부른다. 성공할 수 있는 기회를 준다. 그런데 당신이 바라는 행동을 안 한다면 개를 데리고 바로 집으로 들어가 버린다. 더 이상 마음껏 킁킁대며 냄새를 맡을 수도 없고 그 어떤 재미를 즐길 틈도 없다. 그 다음에 개를 데리고 나가면 개가 원래 모습으로 돌아간 것을 볼 수 있을 것이다. 그래도 안 된다면 몇 단계 전으로 돌아간다. 할 일을 좀

> **포인트**
> 신뢰감을 형성하는 데 가장 중요한 것은 음식도, 부르는 소리도 아닌 개가 자기를 부른 사람에게 왔을 때 나는 클릭 소리라는 것을 반드시 기억하자. 클릭 소리가 날 때가 학습이 일어나는 순간이다.

더 쉽게 만들고 클릭과 포상을 받을 수 있는 기회를 더 많이 주기 위해서 이전 과정을 복습한다. 집중력을 방해할 만한 것이 없는 곳에서 말이다.

● **하고 싶어 하는 것을 강화물로 사용한다**

다람쥐로 가득한 공원처럼 매우 강력한 집중력 방해 요소들을 만났을 때는 오히려 그 방해 요소 자체를 강화물로 사용할 수 있다. 예를 들어 보자. 개에게 긴 줄을 착용시켜 공원으로 데리고 나간다. 주변 냄새를 맡으며 돌아다니도록 내버려 둔다. 잠시 후 개를 부른다. 개가 오면 클릭을 해 주고 포상을 주는 대신 줄을 풀어 다람쥐를 쫓게 해 준다. 심지어 쫓는 것을 도와주자! 그리고는 개를 쫓아가 다시 줄을 묶고 집으로 돌아간다. 직관에 반하는 것 같이 느껴지겠지만 이 강화물을 경험하게 해 줄 때마다 불렀을 때 오는 행동은 더 확고해질 것이다.

4. 4단계_일상생활 속에서 '이리 와' 가르치기

개가 '이리 와'를 안다는 것은 평생 언제 어디서나 개의 시선을 잡고 '집중하는 태도'를 보장받을 수 있다는 의미이기 때문에 이것을 가르치는 일은 아주 중요하다. 일상적인 생활 속에서 '이리 와' 행동을 강화해 주면 개는 당신에게 돌아오는 법을 아주 빨리 배운다. 예를 들어 개에게 저녁을 주려 할 때 또는 새로운 장난감이나 뼈를 주려 하거나 개와 함께 그걸 가지고 놀려 할 때 등 어디에 있는지 먼저 개를 부르자. 개가 오면 클릭을 하고 저녁 또는 뼈 또는 공이나 프리스비를 던져 주며 논다.

또 다른 방법도 있다. 개는 대부분 차 타는 것을 아주 좋아하기 때문에 개를 차에 태우고 어딘가로 갈 계획이 있을 때 "이리 와." 하고 부른 뒤 차 문을 열어 그 안으로 들어가게 해 주는 것으로 그 행동을 강화해 줄 수 있다. 개를 키우고 있는 동안에는 가끔씩 "이리 와." 하고 부른 뒤 반갑고 행복한 깜짝 파티를 열어 주자. 언젠가는 이 연습이 얼마나 유용했는지를 실감하게 될 날이 올 것이다.

6. 보조 맞춰 걸으며 산책하기

이제부터 우리가 사용할 기법은 '행동형성shaping'이라고 부르는 것인데 전통적인 훈련법에서처럼 처음부터 완벽한 행동을 요구하는 것이 아니라 조금씩 조금씩 행동을 '만들어 나가는' 것이다. 하나의 행동을 형성하는 방법은 정말 다양할 수 있다. 개가 사람과 보조를 맞춰 걸으며 여유롭게 산책하도록 가르치는 것을 형성하는 방법도 여러 가지다. 이미 개가 줄을 팽팽하게 잡아당기며 앞장서 가는 데 익숙해 있다면 그동안 배운 것을 잊게 만드는 과정이 먼저 필요하기 때문에 시간이 조금 더 걸린다. 이제 실제로 해 보자. 기억할 것은 이것이 당신의 근육이 아니라 뇌를 단련시켜야 하는 과정이라는 점이다.

1. 1단계_개를 유인해 바로 옆에서 따라 걷게 만든다

강아지 또는 개를 데리고 돌아다닐 만한 조용한 방이나 복도로 간다. 당신의 허벅지를 톡톡 치며 이름을 불러 개를 왼쪽으로 오도록 유인한다. 개가 오면 클리커를 누르고 포상을 준다.

왼쪽 발을 앞으로 내딛는다. 단어를 사용하거나 다리를 탁탁 쳐서 개를 유인한다. 다시 한 번 말하지만 포상으로 개를 유혹해서는 안 된다는 것을 명심하자. 그렇게 하면 개는 포상을 따르는 것을 배우게 될 뿐이다. 우리가 원하는 것은 개가 '우리'를 따르는 것을 배우는 것이다. 개가 따라오면 클릭을 하고 포상을 준다. 또 포상을 줄 때는 멈춰야 한다. '움직이고 있을 때'는 개에게 포상을 주지 말자. 학습해야 하는 행동과 먹는 행동이 동시에 일어나면 개는 핵심이 무엇인지 혼란스럽게 된다. 또 포상을 받을 때 개가 있는 위치도 상관이 없어야 한다. 중요한 것은 개가 당신 다리 옆에 있을 때 클릭하는 것이다.

다시 시작해 보자. 개가 당신 바로 옆에서 걷기 시작한다면 즉시 클릭하고 멈춰 서서 포상을 준다. 이제는 클리커를 누르기 전에 세 걸음 정도 앞으로 더 걸어 나가고 그때도 옆에 있다면 클릭한다. 방향을 바꿔서 개가 옆에서 따라오도록 유인하고 다시 원래 방향으로 되돌아가자. 매 세 걸음마다 클릭을 한다. 개가 계속 바로 옆에 있다면 걸음 수를 조금 늘려 네다섯 걸음마다 클릭을 하기 시작하자.

> **포인트**
> 절대 포상을 손에 들고 흔들면서 개를 유혹하지 말자. 그러면 개는 음식을 쫓는 것을 배우게 될 뿐이다.

핸즈프리로 여유롭게 산책하기
1. 핸들러가 자기 허리에 줄을 둘러 묶었다. 이렇게 하면 무의식적으로 개를 당기거나 홱 잡아챌 수 없다.
2. 개가 느긋하게 걸으며 핸들러의 눈을 주시하고 있다.

2. 2단계_변화를 시도한다

이제는 변화를 시도해 나갈 차례다. 걸음 수를 더 늘려 본다. 또는 걷는 속도를 조금 더 빠르게 하거나 느리게 해 보자. 개가 '이길 수 있도록' 과정을 쉽게 해 주자. 한편, 개가 붙어 있지 않고 멀리 가 버렸다고 꾸짖어서는 안 된다. 그럴 때는 기다리고 있다가 개가 다시 돌아왔을 때 클릭하면 된다.

개가 당신이 몸을 돌리거나 방향을 바꿔도 다리 가까이 있다면 클릭한다. 멈추는 것도 시도해 보자. 당신이 정지했을 때도 개가 가까이 있다면 클릭한다. 더 빠르게 혹은 더 느리게 걸어 보자. 5-10초마다 클릭을 하되 클릭을 할 때마다 이유가 있어야 한다는 것을 기억하자. 또 세션은 항상 짧게 해야 한다는 것도 기억하자. 몇 분만으로도 충분하다.

3. 3단계_야외에서 더 많은 변화를 시도한다

밖으로 나가 보자. 안전을 위해서 항상 개에게 줄을 채운다. 단, 그 줄을 당신 허리에 묶는다. 이렇게 하면 개를 홱 잡아당기고 싶은, 또는 개가 줄을 팽팽히 당길 때면 반대쪽인 내 쪽으로 잡아당기고 싶은 욕구가 들어도 그렇게 하지 못한다.[32] 이제 개를 유인하는 단계로 돌아가서 개가 세 걸음 나갈 때마다 클릭하고 차츰 걸음 수를 늘려 다섯 걸음 또는 열 걸음, 또는 상황에 따라 적당해 보이는 걸음 수에 맞춰 클릭을 한다. 당신의 판단에 따르면 되는데, 개가 옆에 머무는 시간이 보통 얼마나 되는지를 체크해서 기준을 세우면 된다.

개가 긴 거리를 당신에게 흥미를 유지한 채 똑바로 걸을 수 있게 되면 모퉁이 돌기 및 커브 돌기 같은 변화들을 시도해 보자. 개는 이 게임을 정말 좋아해서 당신 다리에 바싹 붙은 채 당신이 '무슨 생각'을 하는지 낌새를 채려고 애쓸 것이다. 개가 많이 성공할 수 있도록 열심히 게임을 만들어 주자.

개가 조사하고 싶은 뭔가를 관찰하거나 냄새를 맡으려고 줄 끝까지 달려 나

---

[32] 줄을 앞으로 잡아당기는 대부분의 개들은 사실 주인이 그렇게 하게끔 훈련시킨 셈이나 마찬가지다. 이런 주인들은 개가 원하는 곳이라면 어디든지 가게 내버려 두는 대신 끊임없이 줄을 자기 쪽(개의 진행 방향과 반대쪽)으로 당기는 버릇이 있다-지은이

가 팽팽하게 당기기 시작한다면 어떻게 해야 할까? 그 자리에 가만히 멈춰 서 있자. 개가 줄을 잡아당기는 동안에는 아무 일도 일어나지 않는다는 것을 보여 주자. 그 대신 개가 줄을 늦추면 그 찰나에 클릭하고 포상을 준다. 줄을 잡아당기면 아무 일도 일어나지 않지만 줄을 느슨하게 하면 당신이 직접 다른 개, 낯선 사

> **포인트**
> 사람이 줄을 자기 쪽으로 당기면 개 역시 그 반대인 자기 쪽으로 줄을 당기게 된다. 이런 무의식적인 행동이 개를 잘못 훈련시킬 수 있는데 줄을 허리에 묶으면 반사적으로 개를 잡아당기거나 줄을 홱 잡아채는 버릇을 막을 수 있다.

람, 소화전, 나무 등과 같이 개가 조사하길 원했던 것들을 향해 움직여 준다는 것을 알려 주자. 클리커를 들고 있는 당신의 목표는 '개에게' 줄을 느슨히 유지하는 임무를 수행하게 하는 것이다. 곧 이 행동은 습관이 되어 산책할 때 한두 번 정도만 칭찬이나 클릭 소리로 강화해 주면 되고 결국은 훌륭한 '줄 매너'를 기대할 수 있게 된다.

4. 늘 줄을 잡아당기며 산책하는 개를 위한 단계

몇 걸음마다 클릭을 하고 포상을 주기 위해 멈춰 서는 이 간단한 과정을 몇 번 산책하는 동안 반복하면 무신경하게 줄을 당기던 개를 충분히 매너 좋은 산책 동반자로 개선시킬 수 있다. 이따금씩 멈춰 서서 개가 냄새 맡고 조사할 수 있게 내버려 둬야 한다는 것을 기억하자. 단, 이런 기쁨은 줄을 당기지 않은 것에 대한 보상의 의미로 주어지는 것이지 개가 냄새 맡고 싶은 것 쪽으로 줄을 잡아당겨 '훔쳐낸' 것이어서는 안 된다.

확 트인 야외에 도착하자 개가 줄을 있는 대로 잡아당기며 앞으로 뛰어나가려 한다면 어떻게 할까? 당신 허리에 줄을 묶자. 덩치 큰 대형견을 키우고 있다면 미끄럽지 않은 신발을 신어야 균형을 잃지 않는다. 이제는 탐험을 향한 개의 간절한 바람을 강화물로 사용할 수 있다. 개가 줄을 당긴다. 당신은 두 발을 단단히 버티고 멈춰 서서 꼼짝도 하지 않는다. 또 아무 말도 하지 않는다. 개가 올려다보면

당신 다리를 톡톡 친다. 개가 줄을 느슨히 하거나 당신 쪽으로 온다면 클리커를 누르고 앞으로 움직인다. 아마 그 즉시 개는 다시 줄 끝으로 돌진할 것이다. 특히 지난 몇 년 동안 죽 그렇게 해 왔던 개라면 더더욱 그럴 것이 틀림없다. 그러면 다시 과정을 반복한다. 조용히 멈춰 선다. 줄이 느슨해진다. 클릭한다. 다시 앞으로 간다.

첫 번째 세션에서는 한 번에 한 걸음 이상 나가기도 힘들 수 있다. 너무 욕심을 내면 빨리 지치는 법이다. 서둘러 끝마칠 준비를 하자. 걸음을 내딛었다 멈췄다 하는 이 과정이 피곤하게 느껴지면 개를 집으로 데려가거나 차 안에 넣자. 그리고 다음 날 다시 하자. 결국 조만간 개는 항복할 것이고 '앞으로 돌격' 대신 우리를 기다리기 시작할 것이다.

5. 쉬운 방법_줄이 느슨해지는 순간마다 클릭하기

때로는 혼자서 간단한 규칙을 정해 줄을 잡아당기는 개의 행동을 쉽게 고칠 수도 있다. 그 규칙은 '네가 줄을 느슨히 할 때마다 나는 클릭을 하고 포상을 준다.' 이다. 일단 줄을 맨 채로 개를 데리고 나간다. 당신 허리에 줄 한쪽을 묶는다. 개가 주변을 탐색하느라 줄이 느슨해지는 순간이 오면 바로 클릭을 하고 포상을 준다. 10분 정도의 산책이 끝나갈 때쯤이면 아마 개의 행동은 꽤나 많이 달려져 있을 것이다.

또, 이 방법을 개 두 마리에게 함께 적용해 볼 수도 있다. 다만 '두 마리' 모두 줄을 느슨하게 했을 때 클릭하고 포상을 준다는 점만 다를 뿐이다. 아주 세심하게 주의를 기울이자.[33]

> **포인트**
> 개가 당신 쪽으로 오지 않는다고 줄을 홱 잡아당기거나 꾸짖는 것은 절대 금지다. 그렇게 하는 것은 '이리 와'는 '골칫거리'를 의미한다고 가르치는 셈이나 마찬가지다.

---

[33] 우리는 개가 줄을 당기도록 내버려 두는 습관을 가지고 있는지도 모른다. 이 습관은 몸에 너무 깊이 배어 있어서 개가 줄을 당기지 않는 짧은 순간들을 알아차리기 힘들 정도다-지은이

늘 줄을 당기는 개

늘 줄을 당기는 개는 자기가 있어야 할 '올바른' 장소가 당신 다리 옆이라는 사실을 반드시 배워야 한다. 특히, 대형견이라면 더욱 그러하다. 사진에서는 손에 줄을 잡고 있지만 나도 모르게 줄 당기는 것을 막기 위해 허리에 줄을 묶을 수도 있다.

1. 개가 간절히 앞으로 나가고 싶어 한다. 결국 줄이 팽팽해졌을 정도로 앞으로 나가 있다.
2. 이름을 부른 뒤 줄이 조금이라도 느슨해지면 즉시 클릭하고 포상을 준다.
3. 바로 다리 옆으로 돌아올 수도 있겠다. 더 좋다. 클릭.
4. 눈을 맞추며 줄을 당기지 않고 나란히 걷는 것에 클릭하고 포상해 준다.
5. 차츰 바로 옆에서 걷는 것에 익숙해진다.

개들이 풀숲을 탐색하거나 몸을 긁거나 볼일을 보려고 멈췄는가? 왜 멈췄는지 그 이유는 중요하지 않다. 개 한 마리가 멈추고 다른 개도 멈췄다면 클릭한다. 그리고 둘 모두에게 포상을 준다. 이 방법은 거의 즉각적인 해결책이 될 수 있다. 타이밍만 정확하다면 두세 번의 짧은 산책만으로도 충분하다.

6. 젠틀 리더로 가르치기

젠틀 리더Gentle Leader란 말에게 사용하는 고삐처럼 생긴 것을 개의 입과 목 주변에 걸쳐 씌우고 턱 아래로 줄이 매어지는 줄의 일종이다. 입과 코 부분 전체를 뒤집어씌우는 입마개와는 다르다. 개는 입을 편안하게 벌릴 수 있다. 젠틀 리더는 개가 앞으로 뛰어나가 줄을 잡아당기면 머리가 뒤 또는 아래로 돌아가게 고안되어 있어서 앞을 볼 수가 없고 결국 줄 당기기를 멈추게 해 준다. 어떤 훈련도

젠틀 리더
1. 개가 젠틀 리더를 소개받고 있다. 올바르게 잘 착용시켰고 거부하지 않고 이를 기꺼이 받아들인 것에 대해 클릭과 포상을 해 준다.
2. 클릭! 젠틀 리더 사용 준비가 끝났다.

할 필요가 없다. 그저 젠틀 리더를 잡고 개를 따라 걷기만 하면 된다. 처음에는 강아지들이 평범한 목줄과 줄을 거부하듯 이 줄과도 싸우려 들겠지만 곧 적응해서 줄을 느슨히 유지하는 법을 스스로 배운다. 이것은 늘 줄을 잡아당기며 걷는 개를 재훈련시키는 멋진 방법이고 또 대형견을 산책시켜야 하는 체력이 약한 양육자나 아이를 돕는 영구적인 방법이 될 수도 있다.

7. 타겟 트레이닝

개가 배울 수 있는 유용한 기술 중 '타겟target[34] 터치하기'가 있다. 타게팅을 활용할 수 있는 부분은 수없이 많지만 특히 우리가 원하는 곳으로 개를 움직이게 할 수 있다는 점이 가장 큰 장점이다. 소파에서 내려오기, 차에 타고 내리기, 털 손질을 위해 그루밍 테이블로 올라가기, 침대 밑에서 나오기 등. 게다가 밀거나 당기거나 떠미는 등 강압적인 힘을 전혀 쓰지 않고도 이런 일들이 가능할 뿐더러 무엇보다도 개가 열정과 흥미를 가지고 협력한다.

1. 1단계_타겟 터치하기

시중에 판매하는 길이 조절이 가능한 알루미늄 타겟 막대도 좋지만 긴 자나 나뭇가지 등을 사용할 수도 있다. 아주 작은 소형견또는 고양이에게는 펜이나 젓가락 한 짝을 사용할 수도 있겠다. 타겟 트레이닝을 위해서는 막대, 포상, 클리커, 그리고 개가 필요하다. 막대 끝에 포상으로 줄 음식을 문질러 개의 코 옆에 내민다. 개가 막대 끝을 냄새 맡는 순간 클릭하고 코에서 막대를 치운 후 포상을 준

---

[34] 목표물, 표적을 뜻하는데, 이 책에서는 주로 막대 끝을 코로 건드리게 해서 동물의 움직임을 유도하는 과정을 말한다.—옮긴이

다. 반복한다. 이번에는 또 다른 쪽에서 막대를 1인치 정도 올렸다 내렸다 한다. 개가 막대를 건드리거나 또는 막대를 쳐다만 봐도 클릭한다.

막대 끝을 터치하면 클릭을 해 주는 과정을 몇 번 반복한 후 일어서서 당신과 함께 걷도록 개를 유인하자. 그리고 개 앞에 막대 끝을 내밀어 개가 걷는 동안 쉽게 터치할 수 있게 해 주자. 개는 자기가 움직이고 있을 때 타겟을 더 빨리 따라잡으려는 경향이 있다. 한 번 터치할 때마다 클릭하고, 멈추고, 포상을 주고, 계속 간다. 또 왼쪽으로 돌았다 오른쪽으로 돌았다 하면서 개를 이끈다. 개를 1/4 바퀴 정도 돌게 할 수 있다면 곧 반 바퀴, 한 바퀴도 돌게 할 수 있다.

2. 2단계_타겟으로 행동 유도하기

개가 타겟 막대에 열정적인 태도를 보인다면 이제는 개가 다른 일을 하고 있을 때 이따금씩 타겟 막대를 이용해서 쓰레기통 같은 물건이나 테이블 아래를 따라 돌게 하거나, 식탁 다리를 통과하거나 또는 낮은 높이의 빗자루나 쭉 뻗은 당신 다리를 뛰어넘게 해 보자. 처음 성공한 순간 클릭을 하고 관대한 포상을 준다. 이것은 소심한 개들의 자신감을 향상시켜 주는 멋진 방법이다.

주의를 산만하게 만드는 낯선 장소로 개를 데리고 나가 어떤 물건을 뛰어넘거나 그 주변을 돌게끔 개를 타겟 막대로 유도해 보자. 만약 개가 관심을 잃는다면 1단계로 돌아가 겨우 1인치 앞의 막대 끝을 터치하거나 또는 한두 발자국만 타겟 막대를 따라가도 클릭하고 포상해 주자. 또 타겟 막대를 사용해 개를 차에 태워 보자. 그리고 차에서 내리게도 해 보자. 그 외에 상자 등을 이용해 그 안팎을 오가게도 해 보자. 상상력을 발휘하면 된다. 새로운 성공이라면 무엇이든 개에게 유익하고 당신에 대한 신뢰감도 키워 준다. 또 개의 성공은 그 자체로 당신에게 보상인 셈이다.

타겟 트레이닝

1. 개가 냄새를 맡고 적극 참여할 수 있도록 타겟 막대 끝에 포상을 문질러 둔다. 개가 타겟 막대 끝을 건드리자마자 클릭한다.
2. 개가 타겟 막대를 따라올 수 있도록 유도하고 제대로 잘 따라올 때마다 클릭한다.
3. 곧 확신에 찬 움직임으로 타겟 막대를 따라다니던 개는 일어서는 동작까지 하게 된다. 이제 타겟 막대를 통해 상하좌우로 개의 움직임을 유도할 수 있게 되었다.

3. 3단계_병뚜껑 활용하기

    다른 물건을 타겟 트레이닝 도구로 사용해 볼 수 있다. 페트병 뚜껑이 자주 쓰이는데 개 눈에 쉽게 띄기 때문이다. 바닥에 뚜껑을 내려놓고 타겟 막대로 터치한다. 개가 뚜껑과 타겟을 모두 터치하면 클릭한다. 아니면 주먹 안에 뚜껑을 쥐고 있다가 개가 손을 터치하면 클릭해 주고 차츰 손을 바닥까지 내린 후 마지막에 손을 빼는 방법도 있다. 방 한쪽에 뚜껑을 놓아두고 개가 그쪽을 향해 출발하면 클릭하자. 어질리티 대회 출전에 대비해 개에게 장애물을 통과하는 것을 가

주먹을 타겟으로 사용하기
사실 주먹은 언제 어디서든지 사용할 수 있기 때문에 아주 편리한 타겟이다.
1. 원을 그리듯 주먹을 조금씩 움직이며 잘 따라왔을 때 클릭하고 포상을 준다.
2. 반 바퀴를 돌았을 때 클릭, 포상.
3. 결국 한 바퀴를 돌았다.
4. 클릭하고 먹이를 준다. 위의 과정을 여러 번 반복하면 아주 자연스럽게 원을 그리며 돌게끔 만들 수 있다.

르칠 때도 이 두 가지 타겟 종류를 함께 사용할 수 있다. 이제는 개가 타겟을 터치하고 있는 시간을 연장한다. 시간을 조금씩 늘려 나가며 클릭하자. 이것은 털을 손질해 주거나, 발을 만지거나, 발톱을 자르고 있는 동안 유용하게 사용될 수 있고 동물 병원 진료실에서 건강 진단이나 치료를 받는 중에 개가 움직이지 않고 침착하게 있게끔 할 때도 활용될 수 있다.

8. 상자로 하는 기초 훈련

이 트레이닝 게임은 나와 내 동료들이 참가했던 돌고래 연구 프로젝트, 〈창의적인 돌고래 : 참신한 행동 훈련시키기〉에서 시작된 것으로 한 학회지[35]에도 소개되었으며 이제는 개 훈련사들이 매우 좋아하는 게임이 되었다. 특히 오랫동안 교정 위주의 훈련을 받았던 이력을 가진 '크로스오버crossover[36] 견'들에게 좋은데, 그들의 정신적, 육체적 유연성을 길러 주고 스스로 무언가를 시도해 보도록 용기를 북돋워 주기 때문이다. 또 나이가 많거나 의심 혹은 겁이 많은 개들에게도 유용해 크레이트 안에 들어가는 행동에도 응용할 수 있다.

1. 1단계_상자에 친숙해지기

크기에 상관없이 평범한 골판지 상자를 골라 73페이지의 사진처럼 한쪽을 입구로 삼을 수 있게끔 모양을 만든다. 개가 상자를 쳐다보면 클릭하고 포상을 준다. 개가 우연히 상자에 가까이 다가가거나 지나갈 때도 클릭을 한다. 클릭을 한 다음에는 상자 근처 혹은 상자 안으로 포상을 살짝 던져 놓는다. 개가 포상을 먹기 위해 상자 쪽으로 발걸음을 옮기면 발을 뗄 때 클릭하고 또 다른 포상을 던져 준다. 개가 상자 안으로 발을 들여놓는다면 정말 훌륭하다. 다시 클릭을 하고 이미 이전에 던져둔 포상을 먹고 있다 해도 포상을 더 준다.

때로는 다음 방법들을 이용해 수많은 '상자 동작'들을 서둘러 만들 수 있

---

35 〈행동 실험 분석학지(Journal of Experimental Analysis of Behavior)〉에 1969년에 소개되었다–지은이
36 사전적으로는 '교차'라고 해석되는데 보통 활동이나 스타일이 두 가지 이상의 분야에 걸친 것을 크로스오버라고 한다–옮긴이

다. 자, 개가 상자 쪽으로 향하거나 그 안에 발을 들여놓으면 클릭한다. 그렇지 않으면 상자 안에 포상을 살짝 던지고 개가 다시 당신 쪽으로 돌아올 수 있도록 손 안에도 포상을 쥐고 있자. 개가 상자 안에 발을 들여놓는 것을 주저한

> **포인트**
> 클릭을 하지 않고 그냥 포상을 주는 것은 절대 안 된다는 것을 기억하자. 또 클릭에는 합당한 이유가 있어야 한다. 즉, 개가 적절한 행동을 했을 때만 클릭을 해야 한다.

다 해도, 그래서 포상을 먹지 않는다 해도 상관없다. 포상이 상자 안에 점점 쌓여가도 괜찮다. 개가 상자 안으로 발을 들여놓는 순간 잭팟을 터뜨린 셈이 될 테니까 말이다. 한편, 개가 잭팟을 포기하고 세션을 끝내기로 결심했다 해도 괜찮다. 상자 안에 모여 있는 포상들은 다음 세션을 위해 챙겨 두자. 단, 클릭을 하지 않고 그냥 포상을 주는 것은 절대 안 된다는 것을 기억하자. 또 클릭에는 합당한 이유가 있어야 한다. 즉, 개가 적절한 행동을 했을 때만 클릭을 해야 한다.

 클릭을 해 줄 수 있는 행동들이 더 많이 필요하다면 상자가 개와 당신 사이에 있도록 위치를 옮긴다. 이렇게 하면 개가 당신에게 오기 위해서 상자를 지나칠 가능성이 높아진다. 개를 부르거나 부추기거나 '도와주지' 말고, 상자를 두드리거나 말을 걸지도 말자. 이런 행동은 안 그래도 겁 많은 개를 더 의심하게 만들 수 있다. 개의 앞발이 상자를 향해 움직이는 순간 클릭하자. 얼마나 많이 움직였는지는 절대 신경 쓸 필요 없다. 그리고 포상을 주자. 일단 대여섯 번 정도 유효한 클릭을 했다면 상자 쪽으로 움직여서 또는 상자 가까이 가거나 상자를 지나가서 개가 '흥미를 잃고' 딴 곳으로 가 버려도 괜찮다. 나중에 언제든지 다시 상자 놀이를 할 수 있다. 당신이 그 사이 해 준 강화들 덕분에 휴식을 거치고 난 다음 세션에서는 그 행동들이 더 생생해져 있을 것이다.

> **포인트**
> 기존의 전통적인 훈련 방법의 기본 원칙은 '내가 명령을 내리면 너는 그 행동을 해야 한다.' 지만, 이 새로운 게임의 규칙은 '네 스스로 뭔가를 해 봐. 그러면 내가 클릭해 줄게.' 이다.

 지금 우리는 개에게 새로운 게임을 하기 위한 새로운 규칙을 가르치고 있다. 이미 기존의 전통적인 방법으로 개를 훈련시켰다면 개는 아마 '무엇을 할지

명령받을 때까지 기다려야 한다.'는 그 훈련법의 일반 규칙을 존중하며 기다리고 있을 것이다. 때문에 이 새로운 게임의 첫 번째 규칙인 '네 스스로 뭔가를 해 봐. 그러면 내가 클릭해 줄게.'는 그들에게 아주 낯설고 힘든 문제일 수 있다. 그래서

상자로 하는 기초 훈련

1. 개가 난생 처음 커다란 상자를 소개 받았다. 주변을 탐색하고 있다.
2. 상자 안을 들여다보긴 하지만 빠르게 지나쳐 버린다.
3. 상자 모퉁이에 멈춰 서서 냄새를 맡은 것에 클릭을 받았다. '네 스스로 뭔가를 해 봐. 그러면 내가 클릭할게.' 이것은 아주 중요한 교육이기 때문에 개가 이것을 해내는 동안 참을성을 가지고 기다려야 한다.
4. 이제쯤이면 개는 자신이 행동을 제시하면 클릭 소리가 들리고 포상이 따라 나온다는 것을 완벽하게 이해했을 것이다. 개는 이 새로운 게임에 놀라운 열정을 보이고 있다.
5. 상자를 딛고 일어서는 행동도 충분히 클릭을 받을 만하다.
6. 이제 새로운 행동을 시도하고 있다. 바로 상자 안쪽을 탐색하는 것이다. 이 행동에도 클릭을 받는다.
7. 성공에 큰 용기를 얻어 개는 이제 두 발을 모두 상자 안에 들여놓는다. 클릭 그리고 포상.
8. 이 연습은 개에게 창의적으로 행동하는 법을 가르쳐 준다. 개는 새로운 행동을 제시했을 뿐인데 그때마다 클릭을 받았다. 결국 상자 안에 들어가 앉아 있다.

이 상자 게임이 더 가치가 있는 것이고 처음 내딛는 작은 한 걸음은 그야말로 흥미진진한 변화다. 비록 아무것도 모르는 구경꾼에게는 시시해 보이고 어쩌면 지금 당장은 하고 있는 당신에게까지도 대수롭지 않아 보이겠지만 말이다.

이번만큼은 '공짜로 클릭해 주는 것'으로 세션을 끝낸다. 그리고 포상을 한 손 가득 또는 손에 잡히는 대로 잡아 잭팟을 터뜨려 준다. 우와! 이는 개를 생각하게 만든다. 분명 다음에 상자가 나타났을 때 개는 새로운 가능성에 눈빛이 초롱초롱해질 것이다. 클릭하고 포상, 잭팟! '저 좋이 상자는 우리 사람을 아주 이상하게 행동하게 만드는구나. 하지만 나는 그 이상함이 아주 좋아. 상자? 저 상자로 내가 스스로 할 수 있는 게 뭘까?' 이런 새로운 생각들이 개의 머릿속에 떠오를 것이다.

의심이 아주 많은 개라면 사람이 알려 주려는 무언가를 개가 '믿을' 때까지 이 처음 과정을 한두 번 또는 몇 번씩 반복해야 할 수도 있다. '클릭 소리는 우리 사람이 내게 맛있는 음식을 준다는 걸 의미하는 거구나. 또 상자는 덫이 아니고 클릭과 포상을 받을 시간이라는 신호구나. 내가 우리 사람이 클릭을 하게 만드는 법을 알아내기만 한다면 말이야.'

2. 2단계_다양한 행동 유도하기

이런 일들이 같은 세션 내에서 일어나든 몇 차례 이후의 세션에서 나타나든지 간에 클릭을 해 줘야 할 행동은 다음과 같다. 개가 상자 안에 발을 들여놓으면 클릭한다. 또 상자를 밀었거나 발로 건드렸거나 입으로 물었거나 냄새를 맡았거나 상자를 끌었거나 물어 올렸거나 쿵 하고 내려놓았으면 클릭한다. 간단히 말해 개가 상자를 가지고 하는 모든 행동에 클릭을 하면 된다.

개가 행동을 멈춘 후가 아니라 행동을 '하고 있는 동안' 클릭해야 한다는 것을 기억하자. 물론 클릭 소리를 들으면 개는 포상을 얻을 생각에 당장 그 행동을 멈출 것이다. 하지만 클릭 소리가 이미 특정 행동을 표시해 두었기 때문에 개는 그것을 기억하고 클릭 소리를 듣기 위해 그 행동 또는 약간 변형된 행동을 다시 할 것이다. 그러므로 클릭 소리가 그 행동을 중단시켰다 해도 그 행동을 잃는 것이 아니므로 걱정할 필요가 없다.

> **포인트**
> 클릭 소리와 동시에 개가 행동을 멈추었다 해도 그 행동을 잃는 것이 아니다. 이미 클릭 소리가 특정 행동을 표시해 두었다. 개는 잘 기억하고 있다가 그 행동을 다시 한다.

상자와 관련된 행동들이 제멋대로 쏟아져 나올 때 세션을 끝낼 수도 있다. 훌륭하다. 개는 창의적인 방법으로 문제를 해결하는 법을 배우는 중이다. 클릭할 행동들이 과하게 넘쳐난다면 그래서 도대체 무엇에 클릭을 해야 하는지도 결정할 수 없다면 그냥 잭팟을 터뜨려 주고 세션을 끝내자. 이제 다음 세션이 시작되기 전까지 고민하고 생각해야 하는 것은 '당신'이다.

한편 우리는 개에게 좀 더 체계적이고 신중한 테스트를 해 볼 수 있다. 개가 이전에 클릭을 받았던 행동만 반복하고 있다고 해 보자. 말하자면 상자 안에 한쪽 발 넣기를 들 수 있겠다. 이제는 클릭을 해 줄 행동에 대해 유연해져야 한다. 그렇지 않으면 단순 반복으로 끝나기 쉽다. 앞발 클릭, 앞발 클릭, 앞발 클릭. 이것은 우리가 이 게임에서 원하는 결과가 아니다.

개가 더 이상 진전 없이 같은 행동만 반복할 때는 클릭을 보류하면 된다. 개가 또 앞발을 내밀면 기다린다. 당신의 행동이 바뀌었다. 그러면 개의 행동도 바뀌기 마련이다. 아마 앞발을 더 오랫동안 내놓고 있을 것이다. 좋다. 새로운 행동이므로 클릭을 한다. 개가 발을 빼면 그 행동도 한두 번 클릭해 줄 수 있다. 개가 다른 쪽 앞발을 상자 쪽으로 내민다. 좋다. 그 행동을 클릭한다. 이제 개는 새로운 행동을 시도하기 시작할 것이다.

> **포인트**
> 개가 자꾸 같은 행동만 반복할 때는 클릭을 보류한다. 당신의 행동이 바뀌면 개의 행동도 바뀐다. 개는 곧 다른 행동을 시도할 것이다.
>
> 만약 무엇을 어떻게 해야 할지 판단이 서지 않는다면 당장 세션을 그만두자. 이제 다음 세션이 시작되기 전까지 고민하고 생각해야 하는 것은 '당신'이다.

이제부터는 어떻게 할까? 일단 상자를 가지고 노는 것이 이 게임의 핵심이란 것을 개가 확실히 깨달았다면 행동이 다양해졌을 테고 그러면 이제 우리는 특정 행동들, 즉 목표에 가까운 행동만 골라서 클릭할 수 있다. 스크래블 게임[37] 상자 속에서 단어 하나를 완성시켜 줄 글자들을 골라 내기 시작할 때와 마찬가지라고 생각하면 된다. 이 과정이 바로 '행동형성'이다.

3. 3단계_변형과 응용

지금껏 해 본 훈련으로 우리는 무슨 행동을 형성할 수 있을까?

● 크레이트에 들어가기

개가 상자에 들어가 앉아 있게 하는 것을 해 보자. 제일 처음 행동은 대개 상자 안에 앞발 하나를 두는 것이다. 클릭을 하고 포상을 던져 준다. 그리고 클릭하지 않는다. 그저 기다리며 지켜본다. 아마도 개가 두 앞발을 모두 상자에 둘 때가 있을 것이다. 클릭한다. 이제는 네 발을 모두 상자 안에 둔다. 자, 개가 상자 안에 들어가 있다. 이 상태에서 선택할 수 있는 옵션으로는 상자 안에서 앉아 있기, 엎드려 있기, 클릭 소리를 들을 때까지 상자 안에 있기, 부르는 소리를 들을 때까지 상자 안에 있다가 나오면 클릭하기 등이 있다.

상자 안에 들어가기 행동은 개를 정해진 잠자리로 가게 하거나 크레이트 안에

크레이트 안에 들어가기
상자 안에 들어가서 앉는 것을 스스로 해낸 개가 낯선 크레이트를 꺼내 오자마자 망설임도 없이 들어가 버렸다.

---

37 scrabble game : 철자가 적힌 플라스틱 조각들로 글자 만들기를 하는 보드 게임의 하나—옮긴이

넣을 때 응용할 수 있다. 또 개가 상자 안으로 뛰어들거나 다시 나오는 것을 클릭해 주면 아이혹은 고양이가 개와 함께 즐겁게 놀 수 있다. 내가 아는 어떤 교사는 자신의 개를 피크닉 바구니에 넣어 특별 이벤트가 있는 날 학교에 데려간다. 바구니가 열리면 개가 밖으로 폴짝 뛰어나와 아이들과 함께 논 뒤 다시 바구니 안으로 뛰어 들어간다.

● 물건 운반하기

상자 옮기기를 시작할 수 있는 첫 행동은 개가 이빨로 상자 모서리를 물고 바닥에서 들어올리는 것이다. 응용할 수 있는 일은 수백 가지가 넘는데, 상자 운반하기, 바구니 운반하기, 물건 치우기, 잡지 제자리에 다시 꽂아 두기, 장난감을 장난감 상자에 넣기 등이 있다. '입으로 물건을 들어올리는 것은 클릭 소리를 받을 수 있다.' 라는 규칙을 배운 개는 수많은 부가적인 기술을 배울 수 있다.

● 상자 뒤집어쓰기

사실 무슨 이득이 있는 행동인지는 모르겠지만 아무튼 비교적 하기 쉽다. 이 행동은 상자로 하는 게임을 하는 도중에 느닷없이 일어난다. 상자 모서리 부분에 앞발을 적절한 힘으로 올려놓으면 상자가 휙 뒤집히게 된다.

어느 날 내 보더 테리어, 스쿠컴이 거실에 있던 바구니 모양 휴지통을 뒤집어쓸 수 있다는 사실을 발견했다. 스쿠컴은 완벽하게 그 안에 숨겨졌다. 그가 휴지통을 뒤집어쓴 채 이리저리 마루를 가로지르며 뛰어다니면 휴지통이 저 혼자 미끄러지듯 돌아다니는 것 같았다. 저녁 식사에 초대받아 온 손님들은 그 광경을 너무 재미있어 했다. 스쿠컴은 클릭 소리와 동시에 일어나는 그 즐거운 분위기를 정말 좋아했기 때문에 그 행동을 지속시키기 위해 별도의 포상은 필요 없었다. 스쿠컴은 자기가 그 행동을 즐겁게 할 수 있는 순간 보통 집에 손님이 왔을 때을 기다릴 줄도 알았다.

9. 클리커 트레이닝 기술 향상시키기

1. 변형 추가하기

트레이닝을 계속 재미있게 유지하고 정체되는 일 없이 계속 발전시켜 나가기 위해서는 클릭을 해 줄 수 있는 사항들을 계속 추가시켜 나가야 한다. 즉, 클릭을 하기 전에 개에게 더 많은 것을 요구해서 행동을 더 복잡하게 만들 필요가 있다는 말이다. 예를 들어 아주 간단해 보이는 '엎드려'도 다음의 여러 가지 방법으로 복잡하게 만들 수 있다.

개로부터 멀어진다. 당신이 뒤로 이동했는데도 개가 가만히 엎드려 있다면 클릭한다. 왼쪽, 오른쪽, 다시 가운데로 움직인다. 펄쩍 뛰어올랐다 내려온다. 떠들썩하거나 우스꽝스러운 뭔가를 한다. 그래도 개가 가만히 엎드려 있다면 클릭한다. 개 주변을 걷는다. 개를 툭 건드리고 다시 뒤로 물러난다. 여전히 개가 엎

'엎드려' 에 변형 추가하기
1. '엎드려' 는 간단하고 쉬운 연습이지만 손쉽게 좀 더 복잡하고 재미있는 과정으로 만들 수 있다.
2. 핸들러가 움직여 자기 뒤에 서 있을 때까지는 물론 자신의 다리 사이에 두고 한참을 서 있는데도 엎드려 자세를 유지하고 있다.

드려 있다면 클릭한다. 만약 개가 일어선다면 다시 엎드리기를 기다리자. 그리고 개가 몸을 낮추면 클릭을 하고 포상을 준다. 그리고 다시 '작전 행동'을 시도하고 당신이 여러 동작들을 하는 동안 개에게 가만히 엎드려 있을 기회를 더 준다.

또 야외라든지 새로운 장소로 이동해 '엎드려' 게임을 해 보자. 한두 번 정도는 개가 몸을 내리도록 유도해도 괜찮다. 그 다음에는 개가 스스로 몸을 낮추길 기다렸다가 클릭하자. 새로운 환경에서 처음 '엎드려'를 하고 클릭을 할 때는 '유치원으로 돌아가기' 과정이 필요하고 과제를 쉽게 해 줘야 한다는 것도 기억하자.

또 개가 엎드려 있는 시간을 늘려 보자. 계속 변화를 줘서 때로는 5초 동안 때로는 20초 동안으로 바꿔 가며 해 보자. 그러나 작은 강아지에게 30초 이상 엎드려 있는 것을 요구해서는 안 된다. 강화 없이, 즉 클릭 소리 없이 3-5분씩 엎드려 있으려면 개가 지루함을 견뎌낼 수 있을 만큼 충분히 나이를 먹어야 한다.

2. 신호 또는 지시어 가르치기

'엎드려' 같이 한 가지 행동을 배우고 나면 개는 하루 종일 당신 앞에서 그 행동을 해 댈 것이다. 포상을 얻고 싶은 마음에 당신이 어디서 무엇을 하고 있건 쏜살같이 돌진해 와 발치에 엎드리는데 이때야말로 개에게 신호를 가르쳐 줄 완벽한 때다. '엎드려'라는 단어처럼 그 행동을 가리키는 '이름' 말이다.

이제부터 며칠간은 개에게 '엎드려'를 의미하는 신호를 말한 후에 또는 보여 준 후에 엎드리는 것만이 클릭 소리를 들을 수 있다는 것을 보여 줘야 한다. 또 개는 경험을 통해 시도 때도 없이 자기 멋대로 엎드리는 것에는 더 이상 클릭 소리와 포상이 뒤따라오지 않는다는 것, 그러나 올바른 신호를 기다려 엎드리면 클릭과 포상을 확실히 얻게 된다는 사실을 발견해야 한다.

개가 엎드리기 직전에 "엎드려."라고 말한다. 그리고 클릭하고 포상한다. 다시 개가 일어나게끔 유인한 후 반복한다. 개에게 신호를 주고 신호 뒤에 엎드리는 것을 두세 번 정도 강화한다. 기다린다. 신호 없이 개가 엎드리려 하면 그냥 내버려 둔다. 그 대신 아무것도 주지 않으면 된다. 개를 다시 일어나게 한 뒤 "엎드려."라고 말하고 그때 엎드리면 클릭한다. 지시어가 주어진 다음

> **포인트**
> 한 행동을 완벽하게 배웠다면 그래서 자꾸 그 행동을 반복한다면 이때야말로 그 행동의 이름, 즉 지시어를 가르쳐 줄 때다.

에 엎드릴 때 클릭하고 신호로 지시어가 주어지지 않았는데 엎드리면 무시하는 과정을 일주일간 매일 8-10회씩 반복한다. 이것은 '반응적 조건형성[38]'인데 조작적 조건형성에 비해 진행 속도도 느리고 더 많은 반복이 필요하다. 참을성을 가지자. 반복을 통해 신호의 의미를 충분히 이해하게 되고 두세 가지 정도를 더 배우게 되면 개는 일반화를 할 수 있게 된다. 즉, 신호의 본질을 이해하게 되는데 그러면 다른 신호를 배우는 속도는 훨씬 더 빨라진다.

만약 수신호를 사용하고 싶다면[39] 지시를 할 때 사용하는 음성 신호를 당신이 정한 수신호로 대체하면 된다. 예를 들어 한 손을 앞으로 쭉 뻗어 내미는 것이 가장 일반적인 '엎드려' 수신호다.

개가 신호에 잘 반응한다면 더 멀리 떨어져서, 또는 개가 다른 일을 하느라 바쁘거나 개의 흥미를 끌 만한 것들이 많은 환경에서 그 신호를 시도해 보자. 클리커는 개

> **용어 설명**
> **반응적 조건형성 또는 고전적 조건형성**
> **(respondent conditioning, classical conditioning)**
> 행동심리학에서 나온 학습 이론 중 하나로, 우리가 잘 알고 있는 종소리에 침을 흘리는 파블로프의 개가 이 과정에 의해 학습된 것이다. 종소리란 원래 침을 흘리는 반응을 일으킬 수 없는 자극인데 음식과 함께 제시함으로써 결국 종소리에도 침을 흘리게끔 학습시켰다.

에게 이런 음성 신호 및 몸짓 신호들을 잘 지켜보고 있다가 언제 어디서든지 그것에 반응하는 것이 가치 있는 일이란 사실을 잘 가르쳐 주는 멋진 도구다.[40]

---

[38] respondent conditioning : 반응적 조건형성, 수동적 조건형성이라고 하며, 고전적 조건형성(classical conditioning) 또는 파블로프식 조건형성과 같은 의미로 사용된다–옮긴이
[39] 처음에는 단어보다는 수신호에 반응을 더 잘하는 개들이 많다–지은이
[40] 행동에 신호를 붙이는 것에 대해 더 많은 정보를 원한다면 내 책 「Don't shoot the dog」의 '제3장. 자극 통제 (Stimulus control)'를 참고하자–지은이

3. 다양한 행동 훈련시키기

이 책에서 설명한 개략적인 프로그램 내용을 판박이처럼 똑같이 따라하며 클리커 트레이닝의 가능성을 제한할 필요는 없다. 집안 곳곳에 클리커를 놓아두고 개가 좋은 행동들을 할 때면 언제든지 클릭할 수도 있다. 예를 들어 강아지가 올바른 장소에서 대소변을 보는 순간 클릭할 수도 있다. 또 외출용 코트 주머니 또는 현관문 옆에 클리커와 포상을 놓아둔다면 대소변을 위해 밖으로 나가게 하는 것을 훈련시키기가 훨씬 더 쉬워질 것이다.[41]

또, 개가 어리든 나이가 많든지 간에 털을 손질하고 있는 동안 움직이지 않고 서 있는 것 같은 바람직한 행동을 할 때도 클릭을 할 수 있다. 여러 가지 행동에 대해 클릭을 한다고 해서 개가 혼동하지는 않는다. 클릭 소리는 '네가 해냈어, 네가 이겼어!'를 의미한다. 개는 사람이

> **포인트**
> 강화에서 중요한 원리는 내 눈앞에서 일어나지 않는 행동은 강화시킬 수 없다는 것이다. 일상생활 속에서 클리커를 여러 곳에 두고 바람직한 행동이 일어나는 것을 발견하는 순간마다 클릭해 주는 것도 좋은 방법이다.

클릭을 하게끔 만드는 데는 수없이 많은 방법이 있다는 것을 배우고 매우 기뻐할 것이다. 또 이것은 개가 스스로를 아주 똑똑하다고 여기게끔 만들어 준다.

4. 트레이닝 파트너 찾기

개를 키우고 있는 친구를 찾아 함께 시작하는 것도 클리커 트레이닝을 탐험해 볼 수 있는 좋은 방법 중 하나다. 앞에서 제시한 몇 가지 행동들을 함께 시도해 볼 수 있고 친구와 출발점이 다르다 하더라도 서로 정보를 공유할 수도 있으며 성공적인 트레이닝을 위해 서로를 강화해 줄 수도 있다.

팀 트레이닝 역시 매우 유용하다. 때로 관찰자가 핸들러보다 더 쉽게 개의

---

[41] 국내의 경우라면 화장실, 베란다 등 정해진 대소변 장소 근처에 놓아두면 되겠다―옮긴이

행동을 포착할 수 있는데, 예를 들어 애견 전람회나 복종 훈련 대회를 대비해 개가 바른 자세로 걷게 하거나 정확하게 앉도록 훈련시킬 때가 그렇다. 개와 포상을 담당하는 핸들러가 개에게 행동을 지시하면 클리커를 가진 관찰자가 관찰하

힐웍투 뮤직 기본 동작들

1. 개가 핸들러의 다리 사이를 빠져나가는 법을 배우고 있다. 이것은 힐웍투 뮤직[42]에서 자주 사용되는 동작이다.
2. 복잡해 보이지만 손을 타겟으로 삼아 유도하면 된다. 어느 정도 배우고 나면 타겟으로 유도하지 않아도 된다.
3. 클리커를 적절한 순간에 클릭해 줄 어시스턴트가 필요할 때가 있다. 개가 핸들러의 팔을 훌라후프 장애물을 넘듯 뛰어넘고 있다. 그 순간 어시스턴트가 클릭을 해서 그 동작을 개가 기억하도록 표시해 둔다.

---

[42] Heelwork to music : 메리 레이라는 여성이 1990년 한 애견 전람회에서 음악에 맞춰 개가 원 또는 8자를 그리며 주인을 돌거나 회전하는 등 마치 춤추는 듯한 동작을 선보여 인기를 끈 이후 1996년 heelwork to music competition이 시작되었다. 프리스비, 어질리티, 플라이볼과 함께 대표적인 애견 레포츠로 통한다─옮긴이

고 있다가 개가 올바르게 움직이는 순간 클릭을 한다. 그러면 다시 핸들러가 개에게 포상을 준다.

우리는 핸들러 역할을 해 볼 수도 있고 관찰자 역할을 해 볼 수도 있다. 핸들러로서 자기 개를 다룰 수도 있고 상대방의 개를 다룰 수도 있다. 이 방법은 핸들러가 음식, 줄, 개에게 신경 쓰고 있는 사이 관찰자가 개를 관찰하고 완벽한 타이밍에 클리커를 누르는 것에 집중할 수 있게 해 준다. 이렇게 팀 트레이닝은 우리에겐 학습 속도를 올려 주고 개에게는 더 정확한 정보를 제공해 준다. 게다가 재미있다.

5. 기술 향상시키기_참고 자료의 활용

사실 이 책에서는 목표한 행동을 만들어 나가는 '행동형성' 기법에 대해서보다는 조작적 조건형성에 대한 내용을 더 많이 다루고 있다. 그래서 개에게 일을 가르치려 하거나 복종 훈련 대회 출전을 목적으로 하는 개를 훈련시키고 있다면 행동 연쇄짓기 behavior chaining, 도구적 강화물 instructional reinforcer, 자극 전이 stimulus transfer를 비롯해 다른 놀라운 클리커 트레이닝 방법들에 대해서도 알아야만 한다. 책 뒷부분에 참고 자료에서 좀 더 많은 기술과 정보를 담은 책을 소개해 두었다.

III. 15가지 클리커 트레이닝 팁
15 Clicker Training Tips

2장에 나오는 내용들을 연습해 봤다면 이제부터 나오는 팁들은 복습으로 생각하면 되겠다. 초보 클리커 트레이너들이 일반적으로 많이 저지르는 실수들을 중심으로 엮었다.

1. 항상 클릭을 먼저, 포상은 뒤에 한다

클리커 트레이닝에서는 개를 유인하기 위해 코앞에 음식을 두고 있을 필요가 없다. '포상이 주어지는 순간'에 개가 하고 있는 행동은 중요하지 않다. 개는 '클릭 소리를 들은 순간'에 자기가 하고 있던 행동을 기억한다. 클릭을 한 후에 개가 하던 행동을 멈춰도 상관없다. 그냥 포상을 주고 나서 트레이닝을 계속하면 된다.

2. 항상 원하는 행동이 일어나고 있는 '동안' 클릭한다

'클릭' 소리는 '바로 지금 네 몸이 하고 있는 그 행동 덕분에 받는 거야.'라는 메시지를 실은 채 동물의 신경 시스템 속으로 곧장 날아드는 일종의 소리 화살이라고 할 수 있다. 중요한 순간에 클리커를 사용하자. 예를 들어 개에게 점프하는 법을 가르치고 있는 중이라면 개가 점프를 하기 전에 클릭해서는 안 된다. 개가 점프를 마친 후에 클릭해서도 안 된다. 또 개가 점프를 할 것 같다고 생각될 때 클릭을 해서도 안 된다. 개가 공중에 떠 있을 때만 클릭을 해야 한다. 일단 개가 점프를 잘 해낸다면 착지하는 법도 향상시킬 수 있는데 올바르게 착지하는 순간에 클릭하면 된다. 음식은 나중에 줘도 된다. 메시지를 전달하는 것은 클릭 소리지 음식이 아니다.

3. 딱 한 번만 클릭한다

클릭, 클릭, 클릭! 동물이 특별히 좋은 행동을 한 순간 연이어 클리커를 눌러 대고 싶은 충동을 견뎌야 한다. 클리커 트레이닝에서는 클리커를 누르는 타이밍이 절대적으로 중요하다. 당신이 좋아했던 행동이 무엇인지를 정확하게 동물에게 말해 주는 것은 클릭을 하는 순간이다. 그런데 연속해서 클리커를 눌러 댄다면 동물로서는 클릭 소리가 의미 있는 것임을 알 수 없고 때문에 행동은 향상되지 않는다. 게다가 어쩌면 개가 연속적인 클릭 소리만이 이미 있는 것이라고 잘못 판단해 버릴 수도 있다.

4. 클리커를 개를 부르거나 주의를 끌기 위해 사용해서는 안 된다

처음 개를 부르거나 주의를 끌 때 클리커를 사용한 적 있다면 어쨌든 효과가 있었을 것이다. 과거에 이런 경험이 있었다면 개의 반응이 당신의 행동을 강화했을 것이고 그래서 개의 주의를 끌 때 계속 클리커를 사용하고 싶은 유혹을 받고 있을 것이다. 하지만 조심해야 한다. 계속 클리커로 개를 부른다면 또는 다른 흥미로운 일에 빠져 있는 개의 주의를 끌 목적으로 클리커를 누른다면 실제로는 당신에게서 멀리 떨어져 있는 행동 또는 주의를 끌 만한 것을 찾고 있는 행동을 강화해 버리는 셈이다. 문제 행동이 증가할 것이 뻔하다.

5. 클리커를 개를 격려하기 위한 용도나 시작 신호 용도로 사용해서는 안 된다

우리는 '내가 강화하려는 것이 무엇인가?'를 늘 생각하고 있어야 한다. 개가 주저하거나 뒤처져 있어서 개를 격려해 줄 의도로 클릭을 한다면 그것은 주저하거나 뒤처지는 것을 강화하는 것이 된다. 다시 한 번 더 강조한다. 개가 당신이 원하는 행동을 하는 순간에만 클릭을 해야 한다.

6. 개에 따라 적합한 크기와 타입의 먹이 포상을 사용한다

다음은 먹이 포상에 대한 일반적인 규칙이다.

첫째, 개가 배고플 때 훈련을 시작한다. 많은 양육자들이 개가 아침 또는 저녁을 먹기 5분 전에 클리커 트레이닝 세션을 갖는다.

둘째, 식사를 하루 종일 바닥에 두지 않는다. 정해진 시간에 음식을 주자. 새나 작은 동물들을 키울 때 수의사들이 추천하듯 언제든지 음식을 먹을 수 있도록 바닥에 놓아두어야 한다면 클리커 트레이닝 세션을 시작하기 2~3시간 전에는 음식을 치워 두자.

셋째, 먹이 포상은 동물이 섭취하는 전체 음식량의 일부가 되게 한다. 만약 먹이 포상을 많이 사용하고 있다면 일상적인 식사량을 조금 줄인다.

넷째, 당신과 개 모두가 이 게임을 처음 배우는 단계라면 가장 좋아하는 음식 그리고 맛있는 냄새가 나는 음식을 포상으로 사용하자. 오래된 사료 알갱이나 지겨운 먹이는 집어치우자.

다섯째, 트레이닝은 늘 즐거워야 한다. 어려운 임무를 가르치고 있을 때는 항상 쉬운 것 몇 가지도 함께 던져 주자.

7. 과제의 난이도를 다양하게 만든다

어렸을 때 나는 피아노 수업 시간을 싫어했다. 한 부분을 마스터할 때마다 그것을 즐겁게 연주할 기회를 갖는 대신 더 어려운 부분을 배우기 위해 또다시 고군분투해야 했기 때문이다. 클리커 트레이닝 역시 세션을 매번 이미 배운 쉬운 것으로 시작해 새롭고 힘든 것으로 진행해 나가서는 안 된다. 이는 개가 트레이닝을 싫어하게 만들어서 빨리 그만두고 싶게끔 만든다. 특히 행동을 유지하는 트레이닝을 하고 있을 때는 좀 더 쉽게 했다가 좀 더 어렵게 했다가를 번갈아 가며 진행하는 것이 좋다. 예를 들어 개에게 매트 위에 30초간 앉아 있는 것을 가르치고 있다면, 10초에 클릭했다가 25초, 15초, 35초, 10초, 40초에 클릭하는 등 시간에 변화를 주자. 이렇게 하면 개가 계속 성공에 희망을 갖고 있게 된다. 또, 세션은 항상 쉽고 재미있는 것으로 끝내야 개가 강화를 얻는 것에 확신을 가질 수 있다.

8. 세션은 짧고 다양하게. 똑같은 것을 반복 연습하지 않는다

트레이닝은 짧은 시간 내에 집중해서 해야 한다. 30분짜리 긴 세션은 개와 사람 모두를 지치게 만든다. 그런 30분짜리 세션을 한 번 하는 것보다 5분짜리 세션을 세 번 하는 것이 훨씬 더 효과적이다. '충분히 이해시키기 위해서'라는 생각에 장시간에 걸쳐 반복 훈련을 할 필요가 없다. 교정 위주로 개를 훈련시키는 훈련사들은 행동형성과 강화 기법에 의해 만들어진 행동은 악화되지 않는다는 사실을 깨닫고 놀란다. 클리커와 함께라면 우리는 개와 의사소통할 수 있다. 개는 우리가 성공적으로 전달한 메시지는 무엇이든 기억할 것이고, 그 세션 이후 다음 세션까지 며칠, 몇 주 또는 몇 달이 흘렀다 해도 열정적으로 그 행동을 다시 해 보일 것이다.

9. 조금씩 조금씩 점진적인 발전을 기대한다

일반적인 또는 전통적인 훈련법에서는 처음부터 개에게 완벽한 행동예를 들어 '내가 어디로 가든지 내 옆에 딱 붙어서 걸어'를 의미하는 '힐'을 요구하고 더 이상 '교정할 필요 없이' 그 행동을 지속할 수 있을 때까지 그 행동에서 벗어난 것은 모조리 교정한다. 그러나 강화를 사용하는 행동형성은 다르다. 우리는 잘게 쪼개진 여러 단계를 거쳐 최종 행동을 만들어 나가고 개는 각 단계마다 강화물을 얻어 내는 법을 발견한다. 트레이너로서는 두뇌 회전이 더 많이 필요한 일이지만 개의 발전 속도는 그야말로 놀랍다.

그럼에도 불구하고 꽤 오랫동안 전혀 발전이 없는 듯한 학습 정체기가 올 수도 있다. 그 시기를 견뎌 내야 한다. 정체기 이후에는 대개 비약적인 발전이 따르는 법이다. 약간의 복습 과정으로 세션을 시작하는 것이 도움이 된다.

조금씩 조금씩 행동을 만들어 나간다_물건 되돌려주기

던진 물건을 가져와 고스란히 되돌려주는 일은 많은 개들에게 자연스러운 일이 아니다. 하지만 최종 목표 행동이 나오기까지의 과정을 몇 단계로 세분화시켜 연습하고 매 단계 올바른 행동을 할 때마다 클릭을 하면 완성된 행동을 얻을 수 있다. 복잡해 보이지만 이것이야말로 가장 빠른 지름길이다.

1. 개에게 새 장난감을 처음 보여 주자 탐색을 하고 있다. 만약 장난감에 관심이 없는 개라면 관심을 보이는 순간 클릭하고 포상한다.
2. 점차 공에 관심을 보이며 신 나게 놀고 싶어 한다.
3. 공을 가까운 곳에 던져 준다.
4. 처음에는 공을 돌려줄 생각이 없다.
5. 시간을 주고 천천히 기다린다. 공을 가지고 놀다가 입에서 내려놓는 순간을 포착해 클릭하고 포상한다.
6. 결국 공을 잡자 순순히 놓고 물러난다. 클릭! 포상. 이런 첫 순간에는 잭팟을 터뜨려 줘도 좋다.

10. 잘하던 행동이 갑자기 엉망이 된다면 '유치원으로 돌아간다'

환경의 변화는 개에게 생각보다 큰 영향을 미치기도 한다. 예를 들어, 집, 앞마당, 또는 훈련 학교에서는 완벽하게 힐을 해내고 부를 때마다 잘 오던 개가 낯선 장소에 가자 마치 그 단어를 처음 듣는다는 듯 행동할 수 있다. 꾸짖지 말자. 그 대신 당신도 똑같이 그 행동을 트레이닝시킨 적 없는 척하고 처음 클릭을 해 주었던 순간으로 돌아가자. 클릭 소리와 치킨 한 조각을 받기 위해 겨우 세 발자국 떨어진 곳에서 달려오던 '이리 와' 단계에서부터 난이도를 조금씩 올리며 최종 행동에 이르기까지 행동형성 과정을 그대로 다시 하자. 달라진 것은 환경일 뿐 모든 과정은 동일하다. 개의 안전을 위해 줄을 채우고 이 과정을 할 수도 있다.

우리는 이것을 '유치원으로 돌아가기'라고 부른다. 행동형성 절차를 빠르게 복습하는 것은 새로운 환경에서 그 행동을 만들어 내는 데 가장 좋은 방법이다. 한 세션 만에 끝날 수도 있고 몇 번의 세션이 필요할 수도 있지만 확실히 처음 할 때보다는 속도가 훨씬 빠를 것이다. 만약 첫 번째 세션에서 그 행동을 다시 해냈다면 잭팟을 터뜨려 깜짝 파티를 해 주자.

11. 개의 마음을 읽을 수 있다고 생각하지 않는다

우리는 개의 태도를 통해 그들이 어떤 상황에 어떤 기분을 느끼는지 알 수 있을 때가 있다 물론, 틀릴 때도 있다. 그러나 왜 개가 그렇게 느끼는지 또는 왜 개가 그것을 하고 있는지는 기껏해야 추측이나 할 수 있을 뿐이다.

개가 우리가 당연히 기대했던 행동을 안 하면 무슨 '이유가 있어서' 그런 것이라고 주장하는 사람들이 많다. 개가 스트레스를 받았다, 당신에게 복수하려고 애쓰는 중이다, 너무 우위적인 성향을 가졌다, 그동안 가혹하게 다뤄져 왔던 게 틀림없다 등등. 그리고 그들은 자신이 짐작하는 이 원인들을 '고치는' 방법으로 처벌을 사용하는 경우가 많다.

이런 사람들 말은 듣지 말자. 개가 잘 알고 있던 행동이 갑자기 엉망이 되었다면 이유를 궁금해하느라 시간을 낭비할 필요가 없다. 그 이유는 영원히 알 수 없을지도 모른다. 어쩌면 개는 당신이 낡은 하얀 신발을 신고 있을 때만 해당되는 규칙이라고 생각하는데 지금은 새로 산 보라색 운동화를 신고 있기 때문에 당신이 원하는 행동을 하지 않는 것인지도 모른다. 그러니 고민하지 말고 그저 유치원으로 돌아가서 그 행동이 다시 나타날 때까지 행동형성 과정을 복습하고 더 쉬운 단계를 강화해 주자.

12. 당신이 개보다 앞서 있을 때 세션을 끝낸다

개가 아주 멋진 행동을 했다면 그 행동을 다시 하게끔 반복하고 싶은 마음이 들기 마련이다. 하지만 결국 개는 실수를 하고 그 행동은 실패로 돌아간다. 그러니 개가 뭔가 좋은 행동을 했을 때 그만두는 법을 배우자. 개의 마음속에 성공을 남겨 두자. 그리고 트레이닝이 잘 진행되고 있지 않아서 끝내길 원한다면 잘 알고 있는 쉬운 행동으로 돌아가 클릭을 해 주고 끝내자.

13. 즐기자

일이 잘 안 풀려 좌절감이 들거나 화가 났다면 당장 그만두자. 화가 나 있을 때는 훈련을 시킬 수 없다. 진정되길 기다렸다가 나중에 다시 도전하자. 어떤 트레이너는 강화를 이용한 트레이닝에서 가장 중요한 도구는 '찻잔'이라고 말하기도 했다. 좌절감을 느낄 때면 앉아서 차 한 잔을 마시며 생각하자. 당신의 화를 개에게 드러내선 안 된다. 그것은 개에게 당신은 예측할 수 없는 변덕스러운 사람이라는 것을 가르칠 뿐이다.

14. 좋은 행동을 클릭해서 나쁜 행동을 고친다

클리커 트레이너는 좋은 행동을 클릭해 주는 것으로 나쁜 행동을 고친다. 엉뚱한 곳에 볼일을 봤다고 야단치는 대신 알맞은 장소에서 볼일을 보는 순간 클릭하고, 손님이 왔을 때 뛰어든다고 야단치지 말고 네 발을 땅에 붙이고 있을 때 클릭하고, 시끄럽게 짖는다고 야단치는 게 아니라 조용히 하고 있을 때 클릭하자. 그리고 목줄이 느슨해지는 순간 클릭하고 포상을 주면 줄을 잡아당기며 걷는 개의 행동을 고칠 수 있다. 또한 야단치기, 줄 잡아채기, 교정 훈련 등을 클리커 트레이닝과 함께 쓰지 말자. 그렇게 되면 동물은 클리커에는 물론 당신에게도 신뢰감과 자신감을 잃고 만다.

15. 좋은 행동을 포착했다면 언제든지 클릭할 수 있다

클리커를 가지고 다니다가 개가 머리를 까딱이거나 꼬리를 쫓거나 한쪽 발을 들고 있는 것 같은 귀여운 행동을 하면 그 즉시 클릭을 하자. 행동을 발견했을 때는 언제든지 클릭할 수 있고 여러 가지 행동을 클릭해도 개는 혼란스러워하지 않는다.[43]

---

[43] 14, 15번은 원서에는 없는 내용으로, 저자인 카렌 프라이어의 허락하에 그녀가 운영하고 있는 웹사이트 www.clickertraining.com에서 발췌하여 번역했다 - 옮긴이

IV. 자주 묻는 질문 24가지
Frequently Asked Questions

1. 어디서부터 시작해야 할지도 모르겠어요

문제 행동을 고칠 마음으로 시작해선 안 된다. 클리커 트레이닝은 행동을 시작하기 위한 것이지 없애기 위한 것이 아님을 기억하자. 클리커 트레이닝을 쉽게 이해하고 시작할 수 있는 방법 중 하나는 물고기를 낚시하듯 새로운 행동을 낚아 올린다고 생각하는 것이다. 개가 2장에서 설명한 행동들을 이미 알고 있다면 원 그리며 돌기, 인사하기, 악수하기, 또는 타겟 터치하기 같은 비교적 쉬운 동작들을 골라 그것을 첫 연습 행동으로 삼자.

2. 개가 클리커를 무서워해요. 클릭을 하면 도망가 침대 밑에 숨어 버려요

개가 클리커를 두려워하는 이유는 보통 클릭 소리가 의미하는 바를 모르기 때문이다. 개는 정확한 정보가 부족하기 때문에 상황을 수상쩍게 여길 수 있다. 새로운 경험을 동물 병원의 수의사에게 가는 것으로 연결지어 생각하는 개들도 있듯이 말이다.

개가 두려워한다고 걱정하기보다는 개에게 정보를 주기 위해 애쓰자. 소리를 좀 더 부드럽게 하기 위해 주머니 속이나 등 뒤에서 클릭을 할 수도 있고 또는 금속판 부분 전체를 접착테이프로 여러 번 둘러싸도 된다.44 이제 개의 저녁밥을 바닥에 내려놓을 때, 특별한 포상을 던지는 순간이나 특별한 장난감을 줄 때, 개를 야외에 풀어 줄 때또는 다시 집으로 들어올 때 클릭을 하자. 함께 산책을 나가려는 순간 문 앞에서도 클릭을 하자. 단, '딱 한 번' 하자주머니 안에서. 그 외에 클릭 소리 뒤에는 '뭔가 좋은 일이 생긴다.'는 사실을 알려 줄 만한 상황을 찾아 낮에 몇 번, 밤에 몇 번, 적당한 시간 간격을 두고 해 보자. '클릭 소리는 정말 좋은 뉴스다.'라는 사실을 인식하게 만들려면 정확히 몇 번이나 이런 과정을 반복해야 하는지 묻는다면 답은 없다. 개에 따라 상황에 따라 다르기 때문이다.

---

44 이 책과 함께 제공되는 클리커의 경우 금속 부분이 플라스틱 케이스 안에 들어 있는데 분리하면 드러난다─옮긴이

3. 우리 개는 먹이 포상을 좋아하지 않아요. 먹이를 얻으려고 움직이지는 않는데 어쩌죠?

언젠가 소풍을 갔다가 만난 사람이 이렇게 말했다. "우리 저먼 셰퍼드 도그는 성격이 까다로워서인지 음식을 얻으려고 움직이지는 않아요." 하지만 그 순간 그의 등 뒤에 있던 개는 버려진 종이 접시에 남아 있던 프라이드치킨을 먹어 치우고 있었다. 나는 그 자리에서 치킨을 잘게 자른 뒤 거의 5분 만에 그 개를 클리커로 트레이닝시키고 타겟 막대를 따르게 하는 데까지 진도를 나갔다. 자, 이 이야기의 교훈은 시작할 때는 개가 더 좋아하는 음식을 사용하자는 것이다.

포상에 대해 정말 의심이 많거나 심지어 냉소적이기까지 한 개도 있을 수 있다. 언젠가 공짜 음식이 나쁜 결과를 일으켰던 경험이 있기 때문일 것이다. 그러니 당신의 개가 그렇다면 천천히 하자. 아무런 특별한 행동도 없었고 특별한 시간대가 아니어도 그저 하루에 두 번씩 클릭, 포상, 클릭, 포상을 몇 차례 반복하자. 클릭을 하고 난 뒤 그때마다 먹이 그릇 안에 포상을 던져 줄 수도 있다. 의심 많은 개라 해도 그릇 안에 음식이 떨어지는 소리를 듣게 될 것이고 결국 당신에게 아무런 나쁜 계획이 없다는 것을 확신하게 되면 음식을 먹기 시작할 것이다. 일단 개가 어떻게 해야 당신을 클릭하고 포상하게 만드는지 그 방법을 알고 나면 포상을 더 사랑하게 될 것이다. 시도해서 확인해 보자.

4. 개를 여러 마리 키우고 있으면 어쩌죠?

개를 따로 두고 한 번에 한 마리만 데리고 트레이닝한다. 바깥 정원이나 세탁실, 부엌에 두든지 또는 크레이트 안에 넣거나 의자에 줄을 묶어 둔다. 물론 다른 개들도 클릭 소리를 듣게 되겠지만 그들은 포상을 얻지 못할 것이기 때문에 혼란스러워하지 않는다. 자기 차례가 오길 간절히 바라긴 하겠지만 말이다.

5. 트레이닝 세션 길이는 어느 정도여야 하나요? 얼마나 자주 트레이닝 해야 하죠?

시간을 낼 수 있는 때라면 언제든지 좋고 5분 길이의 세션으로 시작하는 것이 가장 좋다. 과학자들은 인간을 비롯해 개나 다른 반려 동물들이 한 번의 세션을 오래 하기보다는 짧은 세션을 여러 번 가지면서 학습할 때 효과가 더 좋다는 것을 증명하고 있다. 짧은 세션들이 더 재미있고 덜 지겨우며 바쁜 스케줄 속에서 짬을 내어 하기에도 좋다.

6. 한 세션에서 한 가지 이상의 행동을 트레이닝해도 되나요?

물론이다. 한 세션에서 '이리 와', '앉아', '힐'을 연이어 해 볼 수 있고 한두 가지 묘기를 덤으로 해 볼 수도 있다. 순서를 바꿔 가며 하는 것도 재미있다. 하지만 한 번의 강화로 세부적인 동작 하나 이상을 트레이닝하는 것은 안 된다. 예를 들어, 애견 전람회 무대에서 필요한 '꼬리를 높이 들고 빠르게 걷기trot'를 가르치는 중이라면 그 행동에 대해서만 클릭을 하거나 하지 않아야 한다. 느닷없이 개가 뒤처져 있다고 꾸짖어선 안 된다. '뒤처지지 않기'는 별도의 과제고 이것은 따로 가르쳐야 한다.

보상의 종류 선택하기
어떤 개는 음식 대신 장난감이 포상으로 제공되었을 때 더 잘 할 수도 있다.
1. 개가 트레이너로부터 멀리 떨어진 채 '기다려'를 훈련받고 있다. 올바르게 행동하자 클릭을 한다.
2. 그리고 포상으로 공을 던져 주자 신 나게 달려간다.

7. 훈련 교실을 운영하고 있어요. 같은 장소에서 열 명의 사람들이 각자 클리커를 사용하는데 괜찮을까요?

개는 우리보다 훨씬 더 소리에 민감하다. 각자 동시에 클리커를 사용해도 된다. 개는 혼동하지 않을 것이다. 자기 주인이 어디 있는지, 누가 자신에게 포상을 주는지, 어떤 클리커에서 그 소리가 들려오는지 다 알고 있다. 세 번 정도면 개는 '저것이 내 클리커 소리구나.'를 이해할 수 있다.

8. 왜 클릭 소리 대신 단어를 사용하면 안 되나요?

목소리로 내는 클릭 소리나 다름없는 단어들은 클릭 소리만큼 유일무이하지도 독특하지도 않다.[45] 그래서 새로운 기술과 행동을 배우는 데는 유용하지 않다. 하지만 이미 배운 행동을 유지할 때는 사용될 수 있다. 어떤 사람은 클릭 소리 대신 개의 머리나 등을 가볍게 톡 치는 것 같은 특별한 '터치'를 사용하기도 하는데 이는 애견 전람회 무대에서 특히 편리하다.

집중력 테스트
핸들러가 등을 돌리고 서 있어도 개가 엎드려 자세를 유지하고 있다.

---

[45] 목소리란 사람에 따라 상황에 따라 기분에 따라 다양하게 변하기 마련이지만 클릭 소리는 언제나 똑같기 때문에 의미가 아주 명확하다―옮긴이

9. 트레이닝 중에 실수를 하면 어떻게 되나요? 내가 개를 망치는 건가요?

만약 실수를 했다면 웃고 개를 쓰다듬어 주자. 누구나 클리커를 너무 빨리 누르거나 너무 늦게 누르는 실수를 한다. 또는 틀린 행동에 클리커를 누른다거나 강화를 할 수 있는 훌륭한 기회를 놓쳐 버리는 일도 비일비재하다. 하지만 점차 정확한 타이밍에 클릭하는 것에 능숙해질 테고 결국 우리가 원하는 행동이 무엇인지를 개에게 정확하게 전달할 수 있게 된다. 잘못된 '처벌'은 한 번만으로도 학습 과정에 온갖 종류의 손상을 줄 수 있지만 잘못된 강화 한두 번 정도는 해롭지 않다. 클리커 트레이닝은 상호 작용을 통해 쌓아 나가는 것이다. 아주 관대한 시스템이다.

10. 개가 실수하면 어떻게 해야 하죠?

클릭을 안 하면 된다. 이게 전부다. "안 돼."라고 말할 필요도, 줄을 홱 잡아당길 필요도, 개를 특정 방향으로 밀 필요도 없다. 처벌, 교정 그리고 그 외의 강압적인 방법들은 어떻게 하면 클릭 소리를 얻을 수 있는지 개를 이해시키는 데 전혀 도움이 되지 않는다. 안타깝게도 수많은 훈련사들 사이에 '강압적인 힘이 필수적이다.'라는 확신이 널리 퍼져 있는데, 강압적인 방법의 훈련을 시키면 믿음직한 개로 키울 수 없을 뿐만 아니라 학습에 대한 흥미를 떨어뜨리게 된다.

11. 개를 절대 처벌해선 안 된다고 하는데, 개가 자꾸 뛰어오르거나, 물려고 하거나, 부엌에서 음식을 훔치거나 아예 도망가 버릴 때는 어떻게 하죠?

어떤 사람들은 정적 강화를 사용하는 것이 절대로 개를 나무라면 안 된다거나 신체적으로 통제해서도 안 된다는 의미로 생각하는데 이것은 비현실적이다. 낯선 장소나 차량 통행이 많은 곳 또는 낯선 개들이 많이 모이는 장소에 갈 때는 반드시 개에게 줄을 착용시켜야 한다. 정말이지 줄은 개에게 생명과도 같다. 또

"안 돼."라는 말의 의미를 가르쳐 두어야 당신 손이나 옷자락을 물려 하거나 부엌에서 음식을 가로채려 할 때 이를 막을 수 있다. 타이밍은 좋은 행동을 강화할 때뿐만 아니라 잘못된 행동을 교정할 때도 중요해서 잘못된 행동이 일어난 후가 아니라 일어나고 있는 동안 또는 일어나기 직전에 반응해야 효가 있다.

교정 및 꾸짖기는 어떤 행동을 멈추게 할 수는 있지만 그것도 당신이 개 주변에 있다는 가정하에서만 새로운 무언가를 하도록 가르치는 데는 효과적인 방법이 아니다. 새로운 것을 가르칠 때는 클릭과 포상이 최고다. 그리고 음식을 훔치거나 음식물 찌꺼기를 뒤지는 것 같은 행동을 못 하게 하기 위해서는 우리가 수시로 주변 환경을 잘 살펴서 유혹적인 것들을 미리미리 치워 두는 것이 무엇보다 중요하다.

12. 장기적인 신뢰감을 위해서 개가 나를 존경하게끔 심지어는 두려워하게끔 만들 필요는 없을까요?

개는 클리커 트레이닝을 통해 학습한 행동이 많아질수록 당신을 더 신뢰하고 존경하며 자신이 해서는 안 되는 것이 무엇인지도 더 쉽게 이해하게 된다. 게다가 강화를 사용한 트레이닝은 자기가 할 일이 무엇인지 이해하고 스스로 그렇게 '하고 싶어서' 하는 개로 만들어 주며 개는 성공적인 결과에 자신감을 갖는다. 이것이야말로 진정한 신뢰감이 아닐까?

13. 지시어에 대해서는 별로 이야기가 없는데요, 그럼 개에게 뭘 해야 할지 언제 말하나요?

개가 그 행동을 다 배우고 난 뒤에 시작한다. 즉, 앉으면 클릭 소리와 포상을 얻을 수 있다는 사실을 개가 배우고 난 다음에 할 수 있는데 이때부터는 당신이 "앉아."라고 말했을 때 앉는 것만이 클릭과 포상을 얻을 수 있다는 것을 가르칠 수 있다. 이제 이 단어는 '그 특별한 동작을 하면 포상을 받을 수 있어.' 라는 신호가 된다.

처벌을 사용해 훈련할 때의 경우를 이야기해 보자. 예를 들어 줄을 홱 잡아 채는 교정은 처음에 개에게 경고를 줄 때나 통할 뿐이다. 우리는 개를 처음부터 제대로 우리를 따라오게 만들기 위해 "힐!"이라고 말하자마자 개를 잡아당긴다. 개의 관점에서 보면 이 지시어의 의미는 '힐 하지 않으면 너는 홱 당겨지게 될 거야.'다. 개는 밀리거나 홱 당겨지는 것을 피하기 위해 그 행동을 하는 것을 배운다. 한편 클리커 트레이닝에서의 지시어란 그 행동을 다 배우기 전까지는 개에게 아무 의미도 없는 소리다. 앉는 행동을 개가 스스로 하고 나서 그 행동에 '앉아'를 붙여야 개가 '아, 이렇게 하는 것이 "앉아."구나.'를 알게 된다. 즉, 전통적인 훈련 방법에서의 지시어는 '경고등'인 반면 정적 강화 트레이닝에서의 신호는 과거에 이미 수차례 성공했던 특별한 동작을 의미하는 '파란 신호등'이다.

14. 신호를 줬는데 개가 안 하면 어쩌죠?

그렇다면 당신이 그 환경에서 신호를 확실히 해 두지 못했다는 것이다. 흔한 사례가 있다. 어떤 개는 집에서 이름을 부르면 잘 오는데 다람쥐로 가득 찬 공원에 있을 때는 갑자기 귀머거리가 된다. 이것은 개가 불복종하는 것이 아니라 트레이너가 이런 새로운 환경에서 '이리 와'를 충분히 강화해 두지 않았기 때문이다. '낯선 장소에 있을 때 오기', '먼 곳에 있다가도 오기', '거기에 다람쥐들이 수두룩하더라도 오기'를 별도로 트레이닝시켜야만 하는 개들도 있다. 2장에서 설명했던 것처럼 줄을 이용해서 처음부터 차근차근 해 나가면 된다. 실패했다고 개를 혼내거나 스스로 미쳐 버리지 말고 처음부터 하나씩 행동을 형성해 나가자. 결국 더 빠르고 정확하게 해낼 수 있을 것이다.

15. 언제쯤이면 음식을 안 줘도 되나요?

정말 자주 듣는 질문이다. 클릭 소리와 포상은 새로운 행동을 학습하거나 낯선 또는 좀 더 힘든 환경에서 그 행동을 재학습할 때 필요한 것이다. 일단 그 행동을 배우고 나면 더 이상 규칙적으로 포상을 줄 필요가 없어진다.

재미있는 변화를 주자

트레이닝 세션은 개에게도 사람에게도 즐거운 시간이어야 한다. 트레이닝 연습 중간중간에 여러 행동을 응용해 재미있는 묘기를 가르칠 수 있다. 일명 죽은 척하기 놀이다.

1. 주먹을 타겟으로 사용해서 개가 일어서면 '손 들어' 자세를 만들 수 있다.
2. 일어서 있는 개에게 빵! 신호를 보여 준다.
3. 개가 드러누워 있을 때를 이용해 '죽은 척' 자세를 만들 수 있다. '빵' 신호를 거두면 일어난다.

16. 개를 데리고 복종 훈련 대회나 그 외에 다른 대회에 참가할 때는 어쩌죠?

클리커는 완벽한 힐링에서부터 냄새 탐지 같은 고급 기술에 이르기까지 각종 대회 참가견들에게 주어진 임무가 무엇인지를 정확히 설명해 주는 아주 뛰어난 도구다. 세계 곳곳의 뛰어난 트레이너들이 교정 대신 강화를 이용해 전통적인 훈련 과정들을 바꿔 나가고 있으며, 관련 내용을 담은 책과 영상 자료도 개발되고 있다. 점점 더 많은 전문 트레이너들이 일반 가정의 반려 동물부터 경찰견에 이르기까지 모든 개를 가르치기 위해서 강화 트레이닝법을 사용하고 있는데 사실 여전히 일반 양육자들에겐 다소 낯선 개념이다. 뛰어들자. 더 넓은 세상을 개척해 나가기 위해서는 우리 모두의 참여가 필요하다.

17. 어차피 복종 훈련 대회 중에는 클리커나 포상을 사용할 수 없는데, 이 대회를 대비해 클리커로 트레이닝을 하는 것은 말이 안 되지 않나요?

한 번 더 이야기하자. 클리커와 포상은 행동을 학습하는 도구다. 우리가 대회 무대 위에 올랐을 때는 학습된 행동들이 이미 완성되어 있는 상태여야 한다. 그동안 클릭 소리는 음성 신호로 대체했고 포상은 어루만짐과 칭찬으로 바꿨을 것이다. 때문에 무대 위에서 클리커나 포상은 필요가 없다.

무대 위에서 '엉망으로 실패하는' 개는 대개 교정에 의해 훈련받아 온 개들이다. 그들은 대회에 참가하는 시간이 많아질수록 무대 위에서 더 많은 실수를 저지른다. 무대 위에서는 교정을 받지 않는다는 사실을 잘 '알고 있기' 때문에 멋대로 하는 것이 아니라 개가 주인의 교정이 없다(무대 위에서는 교정을 할 수 없으므로)는 것을 '제대로 하고 있다'는 것으로 알고 있기 때문이다. 아이러니하게도 복종 훈련 대회 무대에서 개를 칭찬하는 것은 허가된 일이지만 개를 교정하는 것은 허가되지 않는다. 그래서 강화물을 사용하는 트레이닝 방법이 사실상 무대 위에서 개와 의사소통할 때 더 득이 된다.

18. 우리 개는 이미 기존의 방법으로 복종 훈련을 많이 받았어요. 개가 이미 아는 것에 어떻게 클리커 트레이닝을 더해 넣죠?

전통적인 훈련법에서 클리커 트레이닝으로 방법을 바꾼 복종 훈련 트레이너인 모간 스펙터Morgan Spector는 이런 개들을 '크로스오버 견Crossover dog'이라고 부른다. 크로스오버 견 및 크로스오버 트레이너들은 배워야 할 것도 많을 뿐만 아니라 이미 배운 것 중에 잊어버려야 할 것도 많다. 어떤 면에서 클리커 트레이닝은 초보자보다도 기존의 노련한 훈련사들전통적인 훈련법을 사용하는에게 더 어려울 수 있다. 아무튼 이럴 경우 개가 이미 알고 있는 행동 말고 새로운 행동이나 묘기로 훈련을 시작하자. 당신과 개 모두가 이 새로운 시스템에 편안해진 후에는 이미 배운 복종 훈련 기술들에도 클리커를 적용할 수 있다.

19. 나쁜 행동을 없애고 싶을 때는 클리커 트레이닝을 어떻게 사용할 수 있나요?

클리커 트레이너들은 강화를 하지 않는 것으로 원하지 않는 행동을 사라지게 한다. 동물이 어떤 행동을 했는데 아무 보상이 주어지지 않는다면 결국 그 행동은 사라진다. 강화를 하지 않는데도 원하지 않는 행동이 계속된다면 클리커 트레이너들은 무엇이 그 행동을 강화하고 있는지 알아내기 위해 그 행동에 대해 연구한다. 때로 행동은 그 자체로 강화되기도 한다. 예를 들어 짖고 있는 개는 조용하게 있을 때보다 덜 따분하다. 짖는 것 자체가 스스로에게 보상이 되는 것이다. 이럴 경우에는 짖는 행동을 대신할 수 있는 대안바람직한 행동을 개에게 제공해야 한다. 따분해 하는 개를 위해 좀 더 활동적으로 무언가를 할 수 있는 환경을 만들어 줄 수도 있고 아니면 조용히 있을 때 보상을 해 주면서 그 시간을 차츰차츰 늘려 나갈 수 있다. 결국 개에게 '조용히'라는 신호를 가르쳐 줄 수 있다.

20. 왜 클리커 트레이닝은 효과적인가요?

클리커로 트레이닝된 동물들이 잘 보여 주듯 동물은 바람직한 결과를 얻어 내기 위해 의도적으로 행동한다. 그들은 과학자들이 '조작적 조건형성'이라고 부르는 방식으로 학습하고 있다. 사람은 물론 동물은 그것이 유쾌하든 불유쾌하든지 간에 동작, 사건, 장소, 사람 또는 물건을 그 결과와 연결시킬 수 있는데 어떤 사건 또는 환경이 특별한 결과와 짝지어지는 일이 많아질수록 그 연결 정도가 강렬해진다. 이런 학습 타입을 '고전적 조건형성'이라 하는데 이는 의도적인 행동보다는 무의식적으로 일어나는 반사적인 행동과 관련 있다.

클리커 트레이닝은 처음에는 고전적 조건형성으로 시작되었다가 동물이 보상을 벌기 위해 의도적으로 특정 행동을 반복하면서 재빠르게 조작적 조건형성으로 바뀐다. 즉, 고전적인 조건형성 과정을 통한 트레이닝으로는 습관적인 행동을 만들고 조작적 조건형성 과정을 통한 트레이닝으로는 의도적인 행동을 만드는 것이다. 단순히 습관적으로 행동하는 동물과 목적을 가지고 자발적으로 행동하는 동물 간의 학습 차이는 매우 크다. 클리커 트레이닝을 받은 또는 조작적 조건형성 과정을 거친 동물은 새로운 행동을 배우기 위해 노력한다. 이들은 무의식적으로 그 행동을 배운 것이 아니라 스스로의 의지로 그것들을 배워 인식했기 때문에 몇 년 후에도 그 행동을 기억한다. 게다가 스스로가 자기 행동의 결과를 통제할 수 있기 때문에 자신감을 갖게 되고 즐거운 결과를 예상할 수 있기 때문에 열정적이다.[46]

21. 왜 클리커를 사용해야 하나요?

단순히 그냥 먹이만 주는 트레이닝과 클리커 트레이닝 간의 가장 큰 차이는

---

[46] 고전적 조건형성과 조작적 조건형성에 대한 이해를 돕기 위해 부록1에서 행동심리학의 흐름에 대해 쉽게 풀어써 놓았다-옮긴이

클리커가 동물에게 포상을 벌어다 준 행동이 무엇인지를 아주 정확하게 말해 준다는 것이다. 동작을 하는 순간의 클릭 소리가 없다면 동물은 그 행동을 포상과 연결짓지 못할 수 있다. 또는 포상을 엉뚱하게 다른 동작이나 우리가 원하지 않는 행동과 연결지을 수도 있다. 클릭 소리를 사용하면 정확하게 행동을 표시할 수 있기 때문에 트레이너들은 클리커를 '행동 표시물 event marker'이라고 부른다. 또 클리커가 행동과 포상을 연결짓는다는 의미에서 '연결 신호 bridging signal'라고도 한다.

22. 왜 클리커 트레이너들은 처벌보다는 강화를 사용하나요?

연구 결과 처벌은 원치 않는 행동의 빈도를 감소시킬 수 있긴 하지만 대개의 경우 또 다른 원치 않는 행동을 불러일으킨다는 사실이 밝혀졌다. 트레이닝 방법에 처벌을 사용했을 때의 결과는 예상도 어렵고 통제도 어렵다. 또한 처벌해야 할 행동은 순간적으로 '표시'하기가 어렵다. 거의 항상 일이 다 끝난 다음에야 발견되기 쉽기 때문에 개로 하여금 잘못된 행동과 처벌 간의 관계를 명확하게 연결짓게 만들기란 거의 불가능하다. 동물의 관점에서 볼 때 처벌은 불규칙적으로 무작위로 일어나고 그래서 의미 없는 사건으로 여겨질 뿐이다. 때문에 행동을 변화시키는 데 있어서 그 행동을 표시하고 정적 강화를 사용하는 것보다 덜 효과적일 수밖에 없다. 클리커 트레이너들은 부정적인 방법을 쓸 때보다 긍정적인 방법에 초점을 둘 때 자신의 동물과의 관계가 더 견고해진다고 느낀다. 또 습관적인 행동보다는 자발적인 의도를 가지고 한 행동의 학습 효과가 더 좋듯, 처벌을 피하기 위해서가 아니라 포상을 벌기 위해 일했을 때 학습 효과가 더 좋다.[47]

---

[47] 19~22번은 원서에는 없는 내용으로, 저자인 카렌 프라이어의 허락하에 그녀가 운영하고 있는 www.clickertraining.com 에서 발췌해 번역했다—옮긴이

23. 고양이나 다른 동물에게도 클리커 트레이닝을 할 수 있나요?

물론이다. 개와 말은 우리를 기쁘게 해 주기 위해 우리는 이렇게 생각하길 좋아한다 또는 적어도 우리가 화내는 것을 피하기 위해 일한다. 그러나 야생 동물을 비롯해 고양이, 토끼, 새 같은 반려 동물들은 우리 의견을 그렇게 중요하게 여기지 않는 것 같다. 우리가 화를 내며 뭔가를 하게 만들려고 하면 이들은 겁을 먹고 발버둥 치고 할퀴며 벗어나려 애쓴다. 그러면 우리는 이들이 "독립적이다.", "불복종한다." 또는 "훈련시킬 수 없다."라고 말하곤 한다.

하지만 모든 동물이 음식을 찾으려면 어디로 가서 무엇을 해야 하는지를 배우며 산다. 클리커 트레이닝은 동물에게 새로운 정보를 전달하기 위해 그 자연스러운 기술에 의존하는 방법이다. 그래서 고양이는 주인에게 참치 조각 배달을 시키려면 어디로 가야 할지 피아노 의자에 가서 앉기, 거기서 무엇을 해야 하는지 앞발로 건반 두드리기를 클릭 소리를 통해 재빨리 배울 수 있다. 누가 누구를 훈련시키는 걸까? 아마도 고양이는 자신이 주인을 훈련시켰다고 생각하겠지만 무슨 상관이람.

24. 이 시스템이 사람에게도 통할까요?

그렇다. 아이와 배우자를 비롯해 모든 사람들이 정적 강화를 좋아한다. 아이에게 당신이 바라는 행동을 하고 있는 순간을 말해 주고 그 행동에 보상을 주는 것은 아이에게 하지 말아야 할 행동을 말하거나 그것을 고치려고 하는 것보다 훨씬 더 효과적이다. 아이들도 그것을 훨씬 더 좋아한다. 무엇보다도 배우자와 아이들은 상대방에게 똑같이 되돌려주는 법을 배우기 때문에 당신 역시 정적 강화를 얻는다. 기억하자. 클리커 트레이닝은 당신이 동물 또는 다른 사람에게 일방적으로 시키는 것이 아니라 그들과 '함께' 할 수 있는 것이다. 모두가 이 점을 사랑하며 결국 모두가 이기는 길이다.

V. 클리커 혁명
The Clicker Revolution

1. 개와 사람이 함께 배우다

클리커 트레이닝의 배경이 되는 과학 이론은 1940년대부터 존재했지만 그 원리는 1960년경에 해양 동물 조련사들이 사용하면서 실용화되었고, 이 새로운 혁신적 기술이 실질적으로 반려 동물 양육자들 사이에서 퍼지기 시작한 것은 1990년대에 이르러서였다. 아마도 조작적 조건형성 분야에서 가장 인기 있는 최초의 책인 내 책, 「돈슛더도그[48]」가 그 터를 닦았다고 볼 수 있다. 또 전문 애견 트레이너들뿐만 아니라 개를 키우는 평범한 양육자들이 너도나도 손에 작은 클리커를 들고 그것으로 무엇을 할 수 있는지 발견하기 시작했을 때야말로 진짜 변화가 시작된 때라고 생각한다.

이제 개 양육자들은 개가 하고 있는 모든 종류의 나쁜 일을 찾아내려고 애쓰는 대신 자신이 좋아하는 행동, 즉 클릭을 할 만한 행동을 찾아내는 데 몰입하기 시작했다. 개의 문제 행동을 막거나 고치려고 애쓰기보다는 좋은 행동을 찾아내 그것을 보상해 주자 문제는 저절로 사라져 버렸다. 클릭 소리는 개에게 보상으로 주어졌을 뿐만 아니라 주인의 태도까지 바꾸어 놓았다. 그리고 사람들은 자기 개가 생각보다 훨씬 더 똑똑하고 유쾌한 존재라는 사실도 깨달았다.

개의 태도 역시 바뀌었다. 아마도 이전에는 개에게 사람이란 자기가 하고 싶어 하는 것은 무엇이든지 방해하는 커다란 장애물 같은 존재였을 것이다. 하지만 이제는 흥미롭고 가치 있는 동반자가 되었다. 주인을 클릭하게 만드는 방법을 발견한 개는 주인에게 훨씬 더 집중하고 주인이 원하는 것에 더 큰 흥미를 보였다. 서로 충돌하곤 했던 두 존재가 이제는 파트너가 되어서 함께 배우고 있다. 클리커 마법. 이 모든 것이 몇 번의 클릭으로 이뤄졌고 당연히 사람도 바뀌었다.

---

[48] Don't shoot the dog : 국내에서는 「긍정의 교육학(리앤북스, 2006)」으로 번역되었다. 제목에서 애견 서적 같은 느낌이 나지만 인간과 동물 모두를 대상으로 하는 새로운 교습 및 훈련 기술을 다룬 교육학 서적이며 긍정 교육법의 바이블로 통한다-옮긴이

게다가 클리커를 사용하는 훈련법은 몇 해씩 연습할 필요도 없었고 특별한 기술을 배울 필요도 없었다. 정말 배우기 쉬웠다. 이 책처럼 기본적인 입문서, 비디오테이프 또는 인터넷 자료를 참고하면서 충분히 할 수 있었고 다른 것들을 배울 때와 달리 선생님이 없어도 시작할 수 있었다. 또 집 안에서나 집 근처에서 짤막한 세션을 몇 차례 갖는 것으로도 기술을 발전시킬 수 있었고, "어떻게 한 거예요? 보여줘 봐."라고 요청해 오는 사람들에게 쉽게 그 기초 원리를 알려 줄 수 있었다. 세미나, 수업, 교육 프로그램들이 관련 용어를 퍼뜨리고 기술을 발전시키는 데 영향을 미쳤고 특히 동호회나 클리커 트레이닝 웹사이트 등 인터넷은 거대한 정보와 지원 시스템의 보고가 되었다.

사람들이 클리커 트레이닝 방법을 발견하고 더 많이 배우기 위해 서로를 돕는 과정에서 클리커 트레이닝 클럽 및 센터들이 생겨났는데 핀란드에서 태즈메이니아[49], 싱가포르에서 스웨덴, 러시아에서 브라질까지 전 세계적으로 늘어나고 있다. 또 독일, 영국, 오스트레일리아 및 미국 전역에서는 놀랍고 혁신적인 기술과 응용법들이 독립적으로 피어났다. 새로운 클리커 트레이너의 뒤를 이어 또 다른 클리커 트레이너들이 자신만의 클리커 솔루션을 개발

고양이는 공을 가지고 놀긴 하지만 던져 준 공을 다시 물고 와 주인에게 되돌려주는 일에는 자연스럽지 않다. 하지만 클리커 트레이닝이라면 얼마든지 가능하다.

[49] 오스트레일리아 동남쪽에 있는 섬—옮긴이

했고 이에 대한 글을 쓰고 영상 자료를 만들거나 인터넷을 통해 사람들을 가르치기 시작했다. 인터넷 데이터에 따르면 2002년까지 적어도 30만 명이 클리커 트레이닝을 경험했다. 과학자들이 발견한 이론에 기반을 둔 분야지만 이런 움직임은 수많은 대중과 그들의 놀라운 반려 동물들이 함께 일궈 낸 것이다.

2. 고양이, 말, 새 그리고 다른 모든 반려 동물과 가축에게도

1963년, 내가 이 기술을 실용화시키는 법을 배우게 된 곳인 하와이 해양 수족관, '시라이프파크Sea Life Park'의 돌고래 조련사들은 표시 신호marker signal, 강화물reinforcer, 그리고 음성 신호 또는 손짓이나 몸짓 신호를 사용하는 훈련법을 통해 돌고래로부터 매우 다양한 행동들을 개발해 낼 수 있었다. 집에 있는 반려 동물은 물론이고 자유롭게 날아다니는 야생의 바다 새, 물범, 개, 야생 하와이 돼지, 야생 닭, 심지어 물고기와 문어도 훈련시켰다. 클릭 소리는 모든 살아 있는 존재들에게 효과가 있었다. 그러나 개에게 클리커 트레이닝을 적용하는 현상이 급속히 퍼져 나갔음에도 불구하고 다른 동물들에게도 가능할지를 두고 의심의 눈초리를 보내는 보수적인 트레이너들은 여전히 많았다.

1998년, 말 전문 조련사이자 마장 마술 기수인 알렉산드라 컬랜드Alexandra Kurland가 「말을 위한 클리커 트레이닝Clicker Training for Your Horse」을 써서 첫 번째 돌파구를 터뜨렸다. 곧, 미국, 캐나다, 영국, 유럽 특히 독일에서 수천 명의 사람들이 말을 가르치는 데 이 놀랍고 새로운 방법을 실험하기 시작했다. 그때까지만 해도 말을 가르치는 데 필요한 것은 박차, 재갈, 채찍, 그리고 강압적인 힘이 전부였다. 새롭게 바뀐 기수와 조련사들은 논문, 책, 비디오테이프와 새로운 응용법들을 만들어 내기 시작했다. 말은 클리커 트레이닝 과정을 제대로 이해했고 빠르게 배웠으며 훨씬 더 자발적으로 훈련에 임했다. 클리커 트레이닝은 대회 출전용 말의 고난이도 기술들을 최종 점검할 때 사용하는 효과적인 방법이 되었다. 또한 공격적이거나 위험한 말들의 행동을 치료하고 망아지나 한 살 미만의 어린 말을 훈련시키는 데에도 유용했다. 그 어떤 말도 안전하고 다루기 쉽게 만들어 주었다. 기존의 말 훈련법에 대한 배경지식이 없었던 수많은 아마추어들은 문제를 일으키며 반항적으로 굴던 자기 말이 클리커 트레이닝을 사용하면서 협력적이고 총명한 파트너 겸 친구로 바뀌는 모습을 보고 놀랐다.

물론 클리커 트레이닝은 다른 모든 반려 동물과 가축에게도 효과가 있다. 클리커 트레이닝법을 알고 있는 사람들은 개들의 장애물 경기 훈련 과정을 자신의 염소와 당나귀에도 가르친다. 미국 서부 지역에서 반려 동물이자 짐 운반 수단이자 털을 얻기 위한 동물로 인기 있는 라마와 알파카의 주인 및 브리더들도 클리커 트레이닝을 표준 방법으로 사용하고 있다. 고양이를 위한 클리커 트레이닝 책, 비디오테이프, 웹사이트도 있다. 귀여운 행동을 만들기 위한 클리커 트레이닝은 실내에서 양육되는 고양이와 교감을 나누게 해 주는 것은 물론, 그들을 즐겁게 해 주고 운동시켜 주며, 바람직하지 못한 행동을 즐겁고 건강한 활동으로 바꿔 주는 유쾌한 방법이다.

새 중에서도 특히 앵무과의 새들은 사육 환경하에서 번식이 가능해지면서 더없이 인기 있는 반려 동물이 되었다. 하지만 좁은 공간에서 사육되는 앵무과의 새들은 소리를 지르거나, 사람을 물거나, 자기 깃털을 뽑는 등 행동학상의 문제가 생기기 쉽고 그만큼 관리가 어려울 수 있다. 처벌은 이런 문제 행동들을 훨씬 더 악화시킬 뿐이다. 이런 경우도 클리커 트레이닝으로 도움을 받을 수 있다. 표시 신호를 이용해 정적 강화를 사용하면 초보자들조차도 곧 이 똑똑하고 흥미로우며 고도로 감정적인 동물과 더 나은 관계를 가질 수 있다. 새 전문 클리커 트레이너들도 서로를 돕기 위한 웹사이트를 운영하고 있다.

쥐나 생쥐, 저빌[50], 토끼 같은 더 작은 포유동물도 클리커를 이용해 특히 아홉 살 이후 어린아이들의 좋은 친구로 만들 수 있다. 클리커 트레이닝을 받은 작은 동물은 학교에서 멋진 과학 프로젝트가 되고, 먹이를 주고 케이지를 청소하는 것 외에도 아이들이 동물과 함께 흥미로운 것들을 해 볼 수 있게 해 준다. 설치류들은 받은 포상을 자기 둥지 안에 저장하는 경우가 많은데 덕분에 클릭을 할 만한 재미있는 행동들을 아주 많이 한다. 이 작은 동물들에게 연필이나 레이저 포인터[51] 같은 타겟을 따르게 해서 묘기를 하게끔 훈련할 수도 있고 장애물 코스를 달리게 할 수도 있다. 또는 작은 물건을 옮겨 병이나 상자 안에 넣거나 신호에 따라 후프나 터널을 점프하거나 통과하게끔 훈련할 수도 있다.

포유동물뿐만 아니라 심지어 물고기도 쉽게 훈련시킬 수 있다. 물고기가 건강하고 먹는 것에 아주 열정적이라면 말이다. 포상으로 가장 좋아하는 먹이를 주고 클릭 소리 대신 플래시 불빛의 깜박임을 사용하면 후프를 통과해 헤엄치거나 타겟을 뛰어넘는 행동을 훈련시킬 수 있다.

임신한 돌고래가 초음파 검사를 받고 있다. 호루라기를 입에 문 조련사와 수의사가 한 팀이 되어 건강 검진을 하고 있다. 이런 방법이 아니라면 십수 명의 장정들이 모여 돌고래를 장비로 억압해 놓고 검사를 하는 수밖에 없다. 시카고 동물원.

---

50 애완용 쥐의 한 종류—옮긴이
51 레이저 불빛이 나오는 펜 모양의 기구—옮긴이

3. 동물원의 사자, 호랑이 그리고 곰에게도

이미 1970년대에 클리커 트레이닝을 다른 동물들에게도 사용하기 위해 해상 포유동물 트레이닝 기법을 채용하는 동물원들이 있긴 했지만 일반 대중이 클리커 트레이닝에 친숙해지면서 더 많은 동물원들이 본격적으로 동참하기 시작했다. 1998년이 되자 미국의 100여 곳 이상의 동물원 사육사들이 가장 크고 위험한 맹수들의 일상적인 건강 체크를 위해 클리커 트레이닝을 하고 있었다. 동물들은 보통 클릭 소리와 포상을 얻기 위해 둥근 공이 달린 듯한 타겟 막대의 끝을 코로 누르는 것을 배운다. 타겟 막대를 사용하면 동물을 한 케이지에서 다른 케이지로 옮길 수도 있고 케이지 청소를 하는 동안 한쪽 옆으로 물러나 있게 할 수도 있다.

무엇보다도 사육사가 건강 체크를 하고 있는 동안 다른 사육사가 타겟 막대를 이용해 그 동물을 움직이지 않고 서 있게 만들 수 있는데, 동물원 관계자들은 이 일과를 '사육 관리 트레이닝husbandry training'이라 부른다. 이제 동물원의 사육사와 수의사들은 사자, 코끼리, 코뿔소, 북극곰이 자발적으로 타겟 막대의 끝을 누르며 일어서 있는 동안 혈액 샘플을 채취하고 주사를 놓을 수 있게 되었다. 작은 설치류나 커

코끼리의 발을 관리하고 있는 사육사. 동물원에 있는 코끼리들은 발바닥의 굳은살을 정기적으로 제거해 주지 않으면 걷지 못하게 될 수도 있다. 손질을 할 수 있도록 발을 올려놓고 있는 행동도 강화와 행동형성으로 만들 수 있다.

다란 새의 몸무게를 재고, 기린의 발굽을 자르고, 코뿔소의 발바닥 손질을 하고, 심지어 우랑우탄과 고릴라에게 자기 새끼를 올바르게 돌보는 법을 가르칠 수도 있다. 이 모든 것이 클릭과 포상으로 가능해졌다.

예전에는 동물을 비좁은 케이지 안에 가두거나 마취 등 화학적 방법을 통해 보정하는 것이 동물을 움직이지 못하게 하는 유일한 방법이었는데 꽤나 위험한 절차인데다 동물들의 스트레스도 심했다. 그러나 클리커 트레이닝을 하면서 비상시에만 사용하는 방법이 되었다. 이제 희귀 동물 및 멸종 위기 동물들을 포함해서 동물원에 있는 모든 동물들이 스트레스 없이 예방 주사 같은 일상적인 치료나 처치의 혜택을 받을 수 있게 되었다.

4. 일하는 개에게도

클리커 트레이닝은 양육자들에게도 쉽고 재미있는 방법인데다 수많은 가정견들에게 더 나은 삶을 만들어 주고 있기도 하다. 또 장애인들을 위한 서비스견, 범죄자를 추적하고 잡는 것을 돕는 경찰견, 숨겨진 마약이나 폭발물을 찾아내는 탐지견 등 일하는 개를 훈련시키는 오래된 전통 훈련법도 클리커 트레이닝으로 대체될 수 있다.

그렇다. 트레이너가 도전하려는 의지만 있다면 이 모든 것이 가능하다. 어떤 경찰관은 추적이나 경비를 포함한 경찰 업무를 가르칠 수 있는 클리커 트레이닝 방법을 개발한 뒤 법 집행 기관에 있는 다른 트레이너들에게 그 기술을 가르치고 있다. 또 마약, 폭발물, 돈이나 밀수품 같이 불법적 물건들이 숨겨진 위치를 찾아내는 탐지견을 양성하는 데도 클리커 트레이닝이 도입되고 있다.

개에게 정확한 정보를 알려 주기 위해 표시 신호를 사용하는 정적 강화는 찾고 있는 물건이 무엇이든 간에 개의 탐지 훈련을 더 수월하게 만들어 준다. 지뢰 탐지 훈련을 받는 개에게 조작적 조건형성 기법을 도입하는 실험이 이미 몇몇 국가에서 진행되고 있다. 잠재적인 이점 중 하나는 클리커 트레이닝을 배운 핸들러들이 그 지역의 개들에게 지뢰 탐지 기술을 가르칠 수 있다는 것이다. 그러나 현재로서는 지뢰 및 기타 탐지견을 제공하는 기관들이 완벽하게 전통적인 것에서부터 현대적인 것에 이르기까지 저마다 다른 체계의 훈련법을 사용하고 있는 실정이다.

대체적으로 시각 장애인을 위한 안내견 훈련은 아주 전통적인 방법을 쓰고 있는 반면, 장애인을 위한 '서비스견'을 훈련시키는 프로그램들은 비교적 새로운 분야에 기반을 두고 있는 것 같다. 이런 개들은 바구니나 다른 물건들을 옮기고 떨어진 물건을 집어 올리고, 핸드폰, 텔레비전 리모트 컨트롤 및 다른 물건 등을 찾아서 가져오고, 전등이나 다른 여러 가정용 기기들의 전원을 껐다 켜고, 문을 열었다 닫고, 걷거나 서 있는 동안 견고한 지지대 역할을 제공하고, 휠체어를 끌 수 있다. 영국의 '장애인을 위한 개 Dogs for the Disabled' 같은 많은 프로그램들이 기존의 전통적인 교정에 기초한 훈련법보다는 정적 강화에 의존하고 있다. '독립을 위한 파트너견 Canine Partners for Independence'의 이사인 니나 본드렌은 클리커 트레이닝만으로 서비스견을 훈련시키고 있다. 생후 8주 이상인 강아지들이 대소변 가리기 훈련을 비롯한 기본 예절 교육을 받기 위해 클리커 트레이닝 과정에 지원하는데, 개가 이 정

클리커로만 교육받은 서비스견, 엔달이 사고 후유증으로 몸을 거의 움직이지 못하는 주인을 위해 일하고 있는 모습. 엔달은 현금 지급기에서 현금을 꺼내는 일, 슈퍼마켓에서 장 보는 일, 집 안에서 각종 전등이나 가전제품의 전원 스위치를 껐다 켜고, 세탁물을 세탁기에서 꺼내고, 핸드폰이나 리모컨을 갖다주는 등 백 가지가 넘는 수신호를 트레이닝 받았다. 이 모든 것이 클리커 트레이닝 덕분이었다. 1999년.

규 프로그램을 졸업할 때쯤이면 50개 이상의 음성 신호와 실용적인 행동들을 완벽하게 학습하게 된다.

그 정규 프로그램에서의 서비스견 기술들도 모두 클리커로 행동형성되는 것이다. 훈련된 개의 사용자 역시 클리커 트레이닝을 배운다. 그래야 그들도 개가 이미 할 줄 아는 것에 자신만의 것을 계속 추가시켜 나갈 수 있다. 신체적 장애를 가진 사람들은 잘못된 행동을 물리적인 방법을 통해 교정하는 전통적인 방법보다는 옳은 행동에 클릭을 해 주는 것이 개의 행동적 기술들을 유지시키기가 훨씬 더 쉽다는 것을 누구보다 쉽게 이해한다.

5. 사람에게도

정적 강화는 사람에게도 효과가 있다. 표시 신호는 그것이 일어났을 때 행동을 포착하는 면에 있어서 음성 신호보다 훨씬 더 정확한데 이는 사람에게도 마찬가지다. 버스나 식당 안에서 착하게 행동하고 있는 아이에게 클릭을 한다는 것은 눈에 띄는 행동이라고 생각하지만, 사실 이것은 중요한 생각이고 일단 클리커 방식대로 생각하는 데 익숙해진다면 아이가 잘못한 것에만 집중하는 대신 좋은 행동을 포착하고 그것을 보상해 주는 데 더 능숙해질 것이다.

사실 클리커 트레이닝이 인간에게도 멋진 효과를 안겨 줄 수 있는 곳은 시간과 관련 있는 신체적 기술을 가르치는 분야들이다. 특히 체조는 코치가 말하는 속도보다 훨씬 더 빨리 행동이 일어나는 스포츠다. 하지만 정확한 움직임에 대한 클릭 소리는 체조 선수가 공중에 떠 있는 순간일 때도 전달된다. 스포츠뿐만 아니라 가수를 훈련시킬 때나 언어 및 비행기 조종 같은 복잡한 업무를 가르칠 때도 클리커를 이용하는 방법들이 실험되고 있는데 이 방법으로 학습된 기술은 영구적으로 유지된다.

학습의 법칙은 과학의 법칙이다. 이 과학이 클리커 트레이닝을 효과 있게 만든다. 그러나 클리커 트레이닝 기술들 클리커 트레이닝을 하면서 우리가 발견해 내고 있는 법칙 중에는 아직 완벽하게 규명되지 않은 부분도 많다. 클리커가 음성 신호보다 더 빠른 결과를 가져올까? 그렇다. 우리는 표시 신호로 단어를 사용하는 수업과 같은 내용을 클리커를 사용해서 가르치는 수업 간의 학습 결과 비교를 통해 이 사실을 알고 있다. 또 개와 양육자 모두가 클리커를 사용하면 대략 30분 안에 새로운 행동을 배울 수 있다는 사실도 알아냈다. 하지만 왜 그런지는 아직 정확하게 말할 수가 없다. 그리고 클리커 트레이닝의 부작용도 있다. 학습자들에게서 확연히 눈에 띄는 흥분과 지나친 기쁨이 드러나고 있고 뇌 활동 및 혈액의 화학 성분에 변화가 일어날 수도 있다. 많은 젊은 과학자들이 특히 북텍사스 대학의 학생과 교수진들이 이를 포함해 클리커 트레이닝이 야기하는 다른 의문 사항들에 대해 조사하고 있다. 언젠가는 지금으로서는 알지 못하는 부분에 대해 답할 수 있게 될 것이다.

수천 명의 클리커 트레이너들은 자신이 훈련시키고 있는 학습자뿐만 아니라 스스로에게도 변화가 일어나는 것을 느낀다. 일하고 있는 대상이 동물이든 사람이든 또는 단체든 간에 클리커 트레이닝을 사용하는 능력은 우리를 새로운 방식으로 반응하도록 만든다. 행동이란 처음부터 큰 덩어리로 시작하는 것이 아니라 작은 조각들로 서서히 만들어 나가야 한다는 생각에 익숙해지게 해 주고, 너무 많은 것을 급하게 기대하는 것을 그만두고 우리가 강화할 수 있는 것을 찾게 만들어 준다. 덕분에 우리는 더 많은 결과물을 더 빨리 갖게 된다.

당신이 좋아하지 않는 행동을 발견했다면 그 행동을 방해하거나 막는 데 몰입하는 대신 클리커 트레이너가 되어 그것을 트레이닝의 기회로 삼자. 이 학습자가 알아야 하는 것은 무엇

> **포인트**
>
> 행동이란 처음부터 큰 덩어리로 시작하는 것이 아니라 작은 조각들로 서서히 만들어 나가는 것임을 깨닫게 된다면 우리는 더 많은 결과물을 더 빨리 얻을 수 있다.

일까? 무엇을 빠뜨렸을까? 나쁜 행동을 좋은 행동으로 대체시키려면 무엇을 추가해야 할까? 협박하거나 분노를 갖고 사람들을 몰아세우려 하지 말자. 당신의 스타일이 한때 그랬다면 또는 끊임없는 잔소리나 불평을 늘어놓는 것이었다면 이제 더 좋은 방법을 알았다. 좋아하지 않는 행동을 공격하는 대신 좋아하는 행동을 강화하는 것이다. 어떤 사람들은 클리커 트레이닝을 온몸으로 배워 둬야 한다고 이야기하고 또 어떤 사람들은 일단 클리커 트레이닝의 세계를 맛보면 예전 방법은 생각도 하기 싫다고 한다. 다시 말하지만 대답해 줄 수 없는 질문들이 여전히 많다. 그러나 이 새로운 기술은 지름길 그 이상의 것이라고 단언할 수 있다. 그 경험은 틀림없이 우리의 일상 속에 스트레스를 덜어 주고 더 큰 재미를 가져다줄 것이다. 당신에게, 당신의 반려 동물에게, 그리고 어쩌면 당신 주변의 모든 사람들에게도 말이다. 클릭!

참 고 자 료

> 더 많이 배울수록 더 많이 알게 될 것이다.
> 더 많이 알게 될수록 더 좋아질 것이다.
>
> – 모건 스펙터–

인터넷

이 책은 정적 강화와 클리커 트레이닝의 놀라운 세계를 소개하고 있지만 클리커 트레이닝에 대한 모든 것을 다 담아 낼 수는 없다. 이제 개와 다른 동물을 위한 클리커 트레이닝은 전 세계로 퍼져 나가고 있고 배워야 할 것은 더 많다. 클리커 트레이닝 정보를 가장 많이 담고 있는 것은 인터넷이다.

대표적인 인터넷 사이트는 www.clickertraining.com이다. 이 사이트에는 입문자들을 위한 팁에서부터 상급자를 위한 깊이 있는 자료에 이르기까지 다양한 정보가 있고 커뮤니티도 있다. 개뿐만 아니라 고양이, 말, 새, 그리고 작은 반려 동물들을 위한 클리커 트레이닝 코너도 있다. 그 외에 말을 위한 웹사이트인 www.theclickercenter.com도 있다. 관련된 기술인 TAGteaching(Teaching with Acoustical Guidance)은 사람들이 운동, 음악, 언어를 배우는 데 사용되고 있는데, www.tagteach.com에 가면 자세한 정보를 얻을 수 있다. 그 외에 www.reachingtheanimalmind.com도 참고하자.

그 외 클리커 트레이닝 관련 서적들

Click for joy: Questions and answers from clicker trainers and their dog (Melisa Alexander)
Click to Calm: Healing the aggressive dog (Emma Parson)
Clicker Puppy (Joan Orr)
Clicker training for horse (Alexandra Kurland)
Clicker training for obedience (Morgan Spector)
Clicker with your rabbit (Joan Orr&Teresa Lewin)
Clicking with your dog: Step by step in pictures (Peggy Tillman)
Getting started: Clicker training for birds (Melinda Johnson)
Getting started: Clicker training for cat (Karen Pryor)

역자 후기

클리커 트레이닝, 내가 원하는 것을
개에게 정확하게 전달해 줄 수 있는 새로운 언어

몇 해 전 「칭찬은 고래도 춤추게 한다」는 책이 베스트셀러가 된 적이 있었습니다. 그 책의 주인공인 범고래 샴을 춤추게 만들었던 여러 가지 칭찬 교육법들이 이 책에 고스란히 등장하고 있습니다. 그야말로 대상이 고래가 아닌 개로 바뀌었다는 점만 다를 뿐입니다. 거대한 범고래를 춤추게 만들었던 칭찬 교육을 우리 개에게도 해 준다면 어떻게 될까요? 개들도 고래 못지않게 신 나게 춤을 추겠지요. 그래서 이 책의 제목도 「개를 춤추게 하는 클리커 트레이닝」이라 붙였습니다.

B. F. 스키너가 처음 제안하고 이 책의 저자인 카렌 프라이어가 개발해 널리 퍼뜨린 클리커 트레이닝은 행동주의 심리학에서 시작된 과학적 학습 이론을 바탕으로 태어났습니다. 고전적 조건형성과 조작적 조건형성 두 가지 이론이 절묘하게 섞여 사용되며 조작적 조건형성 방법 중에서도 가장 효과가 높은 정적 강화를 이용한 가장 긍정적인 교육법입니다. 그동안의 훈련법은 '당장 내 말을 듣지 않으면 고생 좀 하게 될 거야.'로 해석할 수 있지만 클리커 트레이닝은 '네가 하는 싶은 걸 스스로 해 봐. 내가 칭찬해 줄게.'로 해석되는 긍정적인 교육 방법입니다.

이 책은 클리커 트레이닝의 원리를 이해시켜 주기 위한 입문서입니다. 조작적 조건형성이 무엇인지, 클리커가 어떻게 사용되는지, 행동형성이란 무엇인지 그 기본 원리만 제대로 이해하면 인터넷상의 수많은 동영상들이 증명해 보이듯 개는 물론이고 코끼리부터 금붕어에 이르기까지 이 세상의 모든 동물 훈련에 응용할 수 있습니다. 간단해 보이지만 사실 쉽지만은 않은 책일 수 있습니다. 하지만 무슨 일이든 원리만 정확히 이해하면 그 응용은 무궁무진한 법입니다. 원리를 모른 채 표면적인 것만 따라하면 처음엔 쉽고 편할지 몰라도 발전을 기대하기엔 무리입니다. 최대한 독자분들의 이해를 돕기 위해 원서에는 없는 행동주의 심리학의 간단한 역사와 관련 용어 설명을 곁들여 두었습니다.

안타깝게도 클리커 트레이닝이 그저 클릭 소리로 개의 주의를 끄는 것에 그치거나 단순히 먹이와 결부시키는 정도로만 알려져 잘못 사용되고 있는 경우가 많은데 클리커 트레이닝의 본질은 그게 아닙니다. 클릭과 포상을 주는 것은 시작에 불과할 뿐이고 이를 기반으로 원하는 행동을 형성해 내기 위한 과정을 계획하고 디자인하는 것이 클리커 트레이닝의 진짜 핵심입니다. 국내에는 전문가가 거의 없습니다. 이 책 속의 원리를 기반으로 개발하고 놀라운 클리커 트레이닝 기법들을 고안해 내는 것은 여러분 모두의 몫입니다. 그리고 더 나은 체계를 갖출 수 있도록 다 함께 고민해 나가야 하는 분야이기도 합니다.

이 책의 번역을 마친 후 직접 클리커 트레이닝 방법을 통해 개를 교육시켜 보았습니다. 그 원리를 몸소 깨닫고 나니 동물 교육 분야에 있어서 새 세상으로 들어가는 문을 연 것 같아 며칠간 흥분을 가라앉히기 힘들었습니다. 또 개와 텔레파시로 대화를 나눈 듯한 그 순간의 느낌을 떠올리면 지금도 마음이 설렙니다. 얇은 이 한 권의 책이 동물과 진짜 소통할 수 있는 세계로의 열쇠가 되길, 널리 퍼져 반려 동물과의 보다 행복한 삶에 초석이 되길, 보다 효율적인 방법을 찾기 위해 서로가 머리를 맞대고 의논하는 새로운 스터디 문화가 형성되길 바래 봅니다.

우리와는 너무 다른 개, 그들의 삶을 도울 수 있는 것은 좀 더 지적인 우리 인간뿐이라는 사실을 잊지 맙시다.

마지막으로, 바쁘신 와중에도 언제나 아낌없이 지도 편달해 주시는 서울대학교 수의과 대학의 신남식 교수님께 깊이 감사드립니다. 이번 책이 나올 수 있도록 큰 도움을 주신 페티앙의 박현종 대표이사님과 클리커 트레이너 권경일 소장님께 감사드립니다. 또 강성철 사진작가님과 서울대학교 수의과 대학의 김선아 선생님, 이리온의 전찬한 교육이사님께도 감사드립니다.

-김소희-

부록_1

클리커 트레이닝, 그 속에 숨은 과학 이야기
'우리는 어떻게 배우는가?'

글 : 김소희

1. 객관적인 방법의 연구만이 진정한 과학이다!
   행동주의 심리학의 탄생

1900년대 초까지만 해도 인간의 마음이나 정신 같은 내면세계에 대한 연구에만 몰두해 있던 심리학계에 비판적인 시각을 갖는 학자들이 등장하기 시작했습니다. 그들은 직접 눈으로 관찰할 수 있고 수치로 측정할 수 있는 '행동'을 연구하는 것이야말로 진정한 과학이라고 생각했는데 이름하여 행동주의 학파입니다.

우리 인간은 물론 이 세상의 모든 종의 동물은 주변 환경과 상호 작용하면서 살아가는 법을 배워 나갑니다. 지식이나 기술을 습득하는 것 외에도 의식적이든 무의식적이든 몸을 움직이는 과정에서부터 특정 환경에 반응하는 유형까지 알고 보면 우리의 모든 행동은 어떤 식으로든지 환경과 영향을 주고받으며 학습된 것입니다. 그래서 행동주의를 학습 이론이라고 부르기도 합니다.

환경과 동물 사이에 어떤 상호 작용이 오가는지, 그 행동이 어떤 과정을 거쳐 습관화, 즉 학습이 되는지 등을 관찰하고 파악하고 알아내는 것이 이 행동주의 학파의 주요 연구였습니다. 그 결과 행동주의 심리학은 대표적인 학습 이론 두 가지를 탄생시켰는데 바로 고전적 조건형성과 조작적 조건형성이 그것입니다.

2. 종소리를 들으면 침을 흘리게 된 파블로프의 개.
   고전적 조건형성

그중에서도 고전적 조건형성classical conditioning은 우리도 잘 알고 있는 것입니다. 오래전 노벨상을 수상한 러시아의 생리학자 파블로프Ivan Pavlov, 1849-1936가 '종소리에 침을 흘리는 개'에 관한 연구를 해서 큰 반향을 일으킵니다. 음식을 보면 침이 분비되는 것은 우리가 태어날 때부터 가지고 있는 무조건적인 자극 반사입니다. 이것은 우리가 의지로 조절할 수 없는 과정이고 또 모든 동물에게서 일어나는 자연스러운 반응이지만 종소리와 침 분비 간의 관계는 그렇지 않습니다. 그런데 놀랍게도 파블로프는 종소리와 침 분비라는 전혀 무관한 두 가지를 연결시키는 데 성공합니다. 음식을 보여 줄 때마다 종소리를 함께 들려주었더니 결국

파블로프의 개
이반 파블로프의 실험에 참가했던 개 한 마리가 박제되어 있다. 한쪽 입가에 침을 받았던 용기가 붙어 있다. 러시아 랴잔, 파블로프 박물관.

엔 종소리만 들려주어도 침을 흘리게 된 것이지요. 원래는 반응을 일으킬 수 없는 자극이 반응을 일으키게 되는 이 과정을 조건형성이라고 부릅니다. 조건형성이라는 말이 어렵다면 습관화, 학습화라고 쉽게 생각하면 될 것 같습니다. 게다가 종소리를 들려줄 때 더 이상 음식을 함께 제시하지 않으면 침 분비가 줄어들거나 멈추는, 즉 그동안의 조건형성이 '소거extinction' 되는 현상도 일어났고 다시 음식과 종소리를 제시하면 침을 분비하는 '자발적 회복spontaneous recovery' 현상도 나타났습니다. 이런 단순한 연결, 즉 조건형성 과정이 학습의 기본 원리 중 하나일 수 있겠다는 생각이 들자 수많은 심리학자들이 이 조건형성 연구에 뛰어들기 시작했습니다.

3. 인간의 공포심도 인위적으로 학습시킬 수 있다.
행동주의의 확립, 왓슨

왓슨John Broadus Watson, 1878~1958은 파블로프의 이론을 학습 원리로 채택해 인

간의 학습 과정에 적용시킨 인물입니다. 그는 환경이 동물에 미치는 영향을 아주 절대적인 것으로 보았고 그래서 같은 사람을 어떤 환경하에 두느냐에 따라 학자로 만들 수도 있고 도둑으로 만들 수도 있다고 주장했습니다. 그가 알버트라는 생후 11개월 된 아기를 '흰쥐에 대한 공포증 환자'로 만든 실험은 아주 유명합니다. 그는 아이가 흰쥐를 쳐다보거나 만지거나 관심을 보일 때마다 깜짝 놀랄 만한 큰 소리를 들려주었습니다. 원래 쥐를 전혀 무서워하지 않았던 아이는 이런 과정이 몇 번 반복되자 흰쥐가 멀찌감치 나타나기만 해도 공포심을 드러내며 울기 시작했습니다. 이 공포심은 털이 있는 다른 짐승이나 물건에까지 일반화되었고 심지어 하얀 수염을 가진 사람에게도 적용되었습니다. '큰 소리=공포'라는 무조건적인 반사 속에 전혀 무관한 흰쥐를 연결시켜 결국 '흰쥐=공포'로 인식시키는 데 성공한 것이지요. '파블로프의 개' 이론이 인간에게도 고스란히 적용된다는 사실이 증명되는 순간이었습니다.

이런 파블로프식 조건형성 과정은 우리 생활 속에 늘 일어나고 있습니다. 오래전 첫사랑이 썼던 향수 냄새를 우연히 맡고는 갑자기 가슴이 두근대는 것도, 매일 밤 10시에 연인과 전화 통화를 한 이후로 10시만 되면 연인이 생각나는 것도 이 학습 이론으로 설명할 수 있고, 우리가 매일 보고 있는 광고도 대부분 이를 응용하고 있습니다. 광고에 노출되고 있는 사이 우리 무의식 속에서 '저 화장품을 쓰면, 저 옷을 입으면 나도 저 모델처럼 아름다워질 거야.', '저 회사 상품을 쓰면 나도 저렇게 성공한 사람처럼 보일 거야.' 라는 조건형성이 이뤄지는 것이지요.

4. 학습은 그 행동의 효과에 좌우된다. 손다이크의 도구적 조건형성

한편, 이 고전적 조건형성이 모든 학습 행동을 설명하는 데는 한계가 있다는 것에 초점을 둔 손다이크 Edward Lee Thorndike, 1874~1949 는 파블로프나 왓슨과 달리 동물이 행동을 한 뒤에 일어난 결과 때문에 그 행동을 학습하게 되는 과정에 대해 연구했습니다. 손다이크는 레버를 밟으면 문이 열리는 상자를 고안해 고양이를 넣고 상자 밖에 먹이를 놓아두었습니다. 상자 안에서 벽을 긁고 울고 빙글빙글 도는 등 수많은 행동을 하던 고양이는 우연히 레버를 밟았고 결국 문 밖으로 나가 먹이를 먹게 되었습니다. 이런 일이 몇 번 반복되자 레버를 밟기까지의 시간이 차츰 줄어들기 시작했고 결국 고양이는 레버와 문 열림의 관계를 정확하게 파악해 냈습니다. 이렇게 행동과 그 행동의 결과 간의 관계를 학습하게 되는 것을 도구적 조건형성instrumental conditioning이라고 하는데, 행동이 특정 결과를 이끌어 내는 도구 역할을 한다는 의미에서 붙여진 것입니다. 또 문제 해결에 성공하기까지 다양한 행동을 했기 때문에 시행착오 학습이라고 합니다. 한마디로 정리하자면 손다이크는 동물은 시행착오를 통해 학습하는데 그 행동의 결과가 어떠냐에 따라 행동의 학습 효과가 달라진다며 이를 '효과의 법칙'이라 했습니다. '행동에 보상이 따르면 행동이 더 강해지고 보상이 없거나 처벌이 뒤따르면 약해진다.' 즉, 학습은 그 행동의 효과에 좌우된다는 것이지요.

5. 유리한 것을 얻기 위해 자발적으로 환경에 조작을 가하다.
스키너의 심리 상자와 조작적 조건형성

도구적 조건형성을 더 체계화시킨 인물이 바로 그 유명한 스키너Burrhus Frederic Skinner, 1904~1990입니다. 그도 역시 동물은 환경이 보내 오는 자극에 단순히 반응만 하는 존재가 아니라 환경에 대해 자발적이고 능동적으로 행동하는 것이 가능하다고 생각했고, 손다이크의 상자를 더 발전시켜 모든 행동을 관찰하고 수치화할 수 있는 상자를 고안해 냈습니다. 대중들에게 스키너 상자로 알려진 그것입니다.

레버를 누르면 먹이통에서 먹이가 나오게 만들어진 상자 속에서 쥐는 이리저리 움직이다가 우연히 자발적으로 레버를 누르고 먹이통에서 떨어져 나온 먹이를 먹습니다. 이리저리 움직이다 레버를 누르게 되고 그때마다 먹이가 나오는 과정이 반복되자 쥐는 결국 레버와 먹이 간의 연관성을 파악하고 배가 고플 때마다

B. F. 스키너가 그의 새로운 이론 '비둘기의 조작적 조건형성'에 대해 설명할 참이다. 왼쪽에 비둘기가 들어가 있는 상자가 일명 스키너 상자다.

레버를 누릅니다. 이제 자신의 필요에 따라 스스로 환경에 조작을 가할 수 있게 된 것이지요. 이것을 조작적 조건형성operant conditioning이라고 합니다도구적 조건형성과 같은 의미로 쓰이기도 합니다. 고전적 조건형성에서는 환경으로부터의 자극에 대해 반응행동이 수동적으로 일어났지만 조작적 조건형성에서는 능동적 행동으로 환경에 변화가 일어나고 그 변화에 의해 행동이 강화된다는 것이 큰 차이점입니다.

쉽게 생각하면 이렇습니다. 어떤 행동을 했는데 자신에게 즐거운 일이 생겼다면 그 행동을 다시 할 가능성이 높아집니다. 반대로 아무 일도 일어나지 않거나 심지어 자신에게 해로운 일이 생긴다면 그 행동을 다시 할 가능성은 줄어들지요. 즉, 그 행동을 계속할지 그래서 학습화된 행동이 될지의 여부는 그 행동의 결과가 무엇이냐에 따라 달라집니다. 이렇듯 도구적 조건형성 및 조작적 조건형성에서는 보상을 받느냐 못 받느냐가 전적으로 동물 스스로의 행동에 달려 있습니다.

사실 이 조작적 조건형성의 학습 이론 역시 우리 생활에서 늘 일어나고 있습니다. 예를 들어 어린아이가 숙제를 끝낼 때마다 선생님이나 부모님으로부터 칭찬 스티커를 받는 것이나 직원이 어려운 프로젝트를 완성하면 포상금 혹은 승진의 기회가 주어지는 것이 그 흔한 예입니다. 일종의 징크스 같은 행동들도 이 조

작적 조건형성으로 설명할 수 있습니다. 사실 자기 행동 때문에 그 일이 일어난 것이 아닌데도 우발적 강화가 따랐을 경우 그 행동을 더 자주 하게 되는 것이지요. 맨발로 노래를 불러야 더 잘 불러진다는 유명 가수의 사례, 초록색 옷을 입은 날 큰 계약이 성사된 이후로 큰일이 있을 때마다 초록색 소품을 몸에 지닌다는 사업가의 이야기 등이 그렇습니다.

아무튼 고전적 조건형성과 조작적 조건형성은 모든 종의 동물들의 학습 원리를 설명하는 대표적인 이론이 되었습니다. 우리는 환경 내에서 일어나는 사건들에 단순히 반응하고 적응하기도 하지만 그 환경을 의도적으로 조작해서 이득을 보기도 하면서 살아갑니다. 우리가 하고 있는 대부분의 복잡한 행동들도 이 두 조건형성 과정들에 의해 학습된 것입니다_{물론 다른 학습 이론들도 있지만}. 이제 조작적 조건형성에 등장하는 중요한 개념들에 대해서 조금 살펴볼까 합니다.

6. 조작적 조건형성 이론을 통해 배우는 주요 학습 원리들

1. 행동은 인위적으로 증가시키거나 감소시킬 수 있다. 강화 vs 처벌

스키너는 손다이크의 효과의 법칙대로 동물은 자신에게 이득을 준 반응은 더 열심히, 그렇지 못한 반응은 잘 안 한다며 이런 효과를 강화_{reinforcement}와 처벌_{punishment} 두 가지로 구분했습니다. 강화는 행동을 증가시키고 처벌은 행동을 감소시킵니다. 다시 강화와 처벌은 각각 두 가지로 나뉩니다. 강화에는 정적 강화, 부적 강화가 있고, 처벌에는 정적 처벌, 부적 처벌이 있습니다.[52] 여기서 '정적_{positive}'은 제공한다, 즉 더한다는 플러스(+)의 의미이고, 부적_{negative}은 제거한다,

---

[52] 긍정적 강화, 부정적 강화, 긍정적 처벌, 부정적 처벌이라는 용어로 많이 쓰이고 있지만, 이 책에서는 클리커 트레이닝의 기원이라 할 수 있는 행동심리학에서 사용하고 있는 용어를 채택, 사용한다 —옮긴이

즉 뺀다는 마이너스(-)의 의미로 생각하면 됩니다. 즉, 정적 강화는 무언가를 더해서 행동을 증가시키는 것, 부적 강화는 무언가를 감해서 행동을 증가시키는 것, 정적 처벌은 무언가를 더해서 행동을 감소시키는 것, 부적 처벌은 무언가를 감해서 행동을 감소시키는 것이라 생각하면 이해가 쉽습니다. 한편 많은 사람들이 부적 강화를 처벌과 혼동하는데, 부적 강화는 정적 강화와 마찬가지로 행동을 증가시키거나 강화시키는 것인 반면, 처벌은 행동을 감소 또는 약화시키는 것입니다. '부적'이란 단어 때문에 혼동하기 쉬운데 이 '부적'을 부정적이라는 의미의 나쁘거나 불쾌함 같은 것을 뜻하는 것이 아니라 '제거'의 의미로 생각하면 쉽습니다.

그렇다면 각각 어떤 자극 또는 결과를 더해 주거나 빼 주어야 행동을 증가 혹은 감소시킬 수 있을까요? 이 또한 다음처럼 생각해 보면 쉽게 이해할 수 있습니다. 우선 정적 강화를 살펴보겠습니다. 행동을 증가시키기 위해 무언가를 더해 주는 것이 정적 강화라고 했습니다. 그 행동을 더 하게끔 만들기 위해서는 무엇을 더해 줘야 할까요? 싫어하는 것이 더해지는데 그 행동을 더 많이 할 사람이 있을까요? 당연히 좋아하는 것을 더해 주어야 그 행동을 더 열심히 하겠지요. 반대로 부적 처벌은 특정 행동을 감소시키기 위해서 무언가를 빼 주는 것이라 했습니다. 싫어하는 것을 빼 줘야 할까요? 좋아하는 것을 빼 줘야 할까요? 좋아하는 것을 박탈해야 그 행동을 다시 할 확률이 줄어들겠지요. 그렇지 않고 싫어하는 것이 사라졌다면 그 행동을 더 열심히 할테니 말입니다.

이 네 가지 학습 유형을 통해 바람직한 행동을 계속하게 하는 것은 물론 바람직하지 못한 행동을 제거하는 것도 가능하기 때문에, 이는 특히 아동심리학에서 중요하게 활용되고 있고 교육 과정에도 적극 활용되고 있습니다. 물론 동물의 학습 과정에도 적용될 수 있습니다.

(1) 강화 : 행동 증가시키기
① **정적 강화** positive reinforcement : 행동을 강화시키기 위해 좋아하는 것을 '제시, 더해'

주는 것.
- 회사에서 받는 월급.
- 명령에 잘 따를 때마다 개에게 먹이를 주는 것.
- 착한 일을 할 때마다 엄마가 아이를 따뜻하게 안아 주며 칭찬해 주는 것.

② **부적 강화** negative reinforcement : 행동을 강화시키기 위해 좋아하지 않는 사건이나 결과를 '제거, 면제' 해 주는 것.
- 개가 조용히 하면 케이지 밖으로 꺼내 주는 것.
- 수업 시간에 모두 조용히 하면 숙제를 안 내준다고 하는 것.
- 안전벨트를 매면 안전벨트 경고음이 꺼지는 것.

(2) 처벌 : 행동 감소시키기

이미 존재하는 행동을 고치거나 수정하기 위해서는 그 행동의 빈도를 감소시킬 필요가 있기 때문에 처벌이 존재합니다.

① **정적 처벌** positive punishment : 행동을 약화시키기 위해 좋아하지 않는 사건이나 결과를 '제시, 더해' 주는 것.
- 체벌, 동물용 전기 쇼크, 벌금.
- 아이가 거짓말을 하면 엉덩이를 때려 준다.
- 고양이가 가구를 긁으면 얼굴에 스프레이를 뿌린다.

② **부적 처벌** negative punishment : 행동을 약화시키기 위해 좋아하는 것을 '제거, 박탈' 하는 것.
- 나쁜 짓을 하면 용돈을 주지 않는 것.
- 개가 짖고 있는 동안에는 더 이상 맛있는 먹이를 주지 않는다.
- 놀이 중에 개가 거친 행동을 하면 그 즉시 외면하고 놀아 주지 않는다 타임아웃.

이 네 가지 학습 유형 중 가장 효과가 좋은 것이 첫 번째이고 클리커 트레이닝이 바로 이 정적 강화를 사용하는 방법입니다. 나머지 세 가지는 부작용이 있을 수 있기 때문에 아주 신중하게 불가피한 경우에만 사용되어야 하는데 가장 대표적인 부작용으로는 분노, 거짓말, 변명, 회피 도망, 공격적인 행동 등이 있습니다.

2. 강화가 주어지지 않으면 행동이 사라진다. 소거

스키너의 학습이론에서 또 하나 중요한 개념이 소거입니다. 앞에서 말한 실험에서 레버를 눌러도 먹이가 나오지 않게끔 상자 설계를 바꾸자 쥐는 결국 레버 누르기를 그만두었습니다. 이렇듯 소거는 더 이상 강화를 주지 않았더니 그 학습된 행동이나 반응들이 약화되거나 없어지는 것을 말합니다. 즉, 동물의 바람직하지 못한 행동을 없애고 싶을 때는 그 행동을 강화시켜 주고 있던 요인을 찾아서 없애면 됩니다. 하지만 소거 역시 부작용이 있습니다. 특히 소거의 초기 단계에는 그 행동이 급격히 더 증가하는 소거 격발(extinction burst)이 일어나기 때문에 문제가 해결되기는커녕 훨씬 더 악화되었다는 인상을 줍니다. 당연히 기대했던 결과가 일어나지 않으니 관심을 끌기 위해 그 행동을 많이 하게 되는 것이지요. 또 좌절감, 분노 같은 부정적인 정서가 일어나기도 합니다. 음료수 자판기에 돈을 넣었는데 음료가 안 나오면 발로 차 버리고 싶은 심정이 드는 것처럼 말입니다. 하지만 소거 격발 단계를 지나면 문제 행동은 빠른 속도로 사라집니다.

3. 벌보다는 칭찬이 학습에 훨씬 더 효과적이다

스키너는 레버를 누르면 먹이가 나온다는 사실을 학습한 쥐를 두 집단으로 나눈 뒤 한 집단에게는 더 이상 먹이가 나오지 않게 했고, 즉 강화를 주지 않았고(소거) 다른 집단에게는 전기 쇼크(처벌)를 주는 실험도 했습니다. 전기 쇼크를 받은 집단의 쥐들은 레버 누르기를 당장 그만두었습니다. 그러나 시간이 지나 전기쇼크가 사라지자 다시 레버를 누르는 행동이 나타났습니다. 한편 강화를 주지 않는 것으로 레버 누르기 행동이 소거되었던 집단의 경우에는 그 행동이 사라지는 속도가 처벌에 비해 느리긴 했지만 다시 그 행동이 나타나는 확률은 극히 낮았습니다. 결과적으로는 처벌보다는 강화 이론을 사용하는 것이 학습 효과가 훨씬 더 좋다는 것이 밝혀진 것이지요.

4. 새로운 행동을 만들어 내기 위한 행동형성 기법

그렇다면 애초에 나타나지도 않은 행동은 강화도 처벌도 할 수 없지 않을까

하는 생각이 들 수 있겠습니다. 그래서 등장한 것이 행동형성 개념입니다. 쥐가 레버를 누를 때까지 무작정 기다릴 수도 있지만 이 행동형성 기법을 사용하면 그 시간을 단축시킬 수 있습니다. 예를 들어 1단계에서는 쥐가 레버 근처에 가기만 해도 먹이를 주는 것이지요. 결국 쥐는 레버 근처에 더 자주 가게 됩니다. 2단계에서는 레버를 살짝이라도 건드리면 먹이를 줍니다. 그리고 3단계에서는 레버를 누르면 먹이를 줍니다. 이렇듯 행동형성이란 현재 동물이 할 줄 모르는 새로운 행동을 학습시키는 방법으로 원하는 목표 행동을 해내기까지 그 행동에 근접해 가는 행동들을 여러 단계로 쪼개어 차츰차츰 완성시켜 나가는 방법을 말합니다. 새들이 자전거를 타고 탁구를 치고, 고양이가 피아노를 치는 것 모두가 이 행동형성 기법을 이용한 것입니다. 이때 각 단계별로 근접한 행동에만 강화를 해 주고 그렇지 않은 행동에는 아무 반응도 보이지 않는 것을 차별 강화라고 합니다.

5. 간헐적 강화가 행동을 유지하는 데 효과적이다

이렇듯 스키너의 조작적 조건형성 이론은 강화에 의해 행동을 변화시키는 방법이기 때문에 강화 이론이라고도 불립니다. 이 이론이 발표된 이후 강화를 어떻게 주는 것이 학습에 효과적인지를 놓고 많은 연구가 이어졌습니다. 그 결과 처음에는 그 행동을 할 때마다 강화를 해 줘야 학습이 되지만 일단 학습이 되고 나면 간헐적으로 강화를 주는 것이 그 행동을 유지시키는 데 훨씬 효과적이라는 것이 밝혀졌습니다. 이 결과는 왜 여자들이 나쁜 남자들에게서 헤어나지 못하고, 사람들이 카지노 테이블에서 밤샘을 하며 재산을 탕진하는지를 잘 설명해 줍니다.

이렇듯 행동주의 심리학에서 나온 학습 원리들은 동물뿐만 아니라 우리 생활 곳곳에 숨어 있고 제대로 잘 배워 응용한다면 동물은 물론이고 인간의 행동에도 긍정적인 영향을 미칠 수 있습니다.

주요 참고 문헌 및 자료

Paul Chance 저, 김문수 외 역, 학습과 행동, CENGAGE learning, 2011.
Raymond G. Miltenberger 저, 안병환 외 역, 최신 행동수정, CENGAGE learning, 2011.
http://en.wikipedia.org/wiki/B._F._Skinner

책 속에 나오는 행동심리학 관련 용어 정리

강화(reinforcement)
어떤 행동이 다시 일어날 확률을 증가시키기 위한 목적으로 그 행동에 대한 결과를 제공하는 절차를 말한다. 그 행동을 증가시켜 주는 수단은 강화물(reinforcer)이라고 한다.

강화물(reinforcer)
B.F.스키너는 유기체가 어떤 행동을 한 결과가 스스로에게 유리하면 그 행동을 더 자주 한다는 것을 밝혀냈는데, 이때 행동의 빈도를 높여 주는 자극을 강화물이라 한다.

고전적 조건형성 (respondent conditioning, classical conditioning)
행동심리학에서 나온 학습 이론 중 하나로, 우리가 잘 알고 있는 종소리에 침을 흘리는 파블로프의 개가 이 과정에 의해 학습된 것이다. 종소리란 침을 흘리는 반응을 일으킬 수 없는 자극인데 음식과 함께 제시함으로써 결국 종소리에도 침을 흘리게끔 학습시켰다. 반응적 조건형성이라고도 한다.

무조건 강화물(unconditioned reinforcer)
생존이나 생물학적 기능에 중요한 자극이나 사건으로, 학습이나 훈련이 없어도(조건형성이 가해지지 않아도) 강화되는 속성을 가지고 있다. 음식, 쓰다듬어 주기, 또는 또 다른 기쁨을 주는 어떤 것들을 말한다. 돌고래 훈련에서는 물고기가 무조건 강화물이다.

부적 강화(negative reinforcement)
싫어하는 것을 '제거(negative)' 해서 그 행동을 강화하는 것을 부적 강화라고 하고, 이렇게 어떤 행동에 뒤따라 '제거' 되었을 때 그 행동을 유지, 증가시키는 자극을 부적 강화물이라 한다. 부정적 강화, 음성 강화라고도 한다.

상반 행동(incompatible behavior)
그 행동과 절대로 동시에 일어날 수 없는 대립되는 행동. 한 상황에서 바람직하지 않은 행동과 바람직한 행동은 동시에 일어날 수 없다. 예를 들면 사람을 무는 것(바람직하지 않은 행동)의 상반 행동은 사람을 물지 않는 행동(바람직한 행동)이다. 즉, 바람직하지 않은 행동을 보일 때 그 행동의 상반 행동을 찾아 그것을 강화해 주면 된다.

정적 강화(positive reinforcement)
좋아하는 것을 '제공(positive)' 해서 그 행동을 강화하는 것을 정적 강화라고 하고, 이렇게 어떤 행동에 뒤따라 '제공' 했을 때 그 행동을 유지, 증가시키는 자극을 정적 강화물이라 한다. 긍정적 강화, 양성 강화라고도 한다.

조건 강화물(conditioned reinforcer)
처음에는 별다른 의미가 없는 그저 단순한 신호에 지나지 않지만 무조건 강화물과 짝지어지거나 밀접하게 결합되면서 강화물이 되는 것을 조건 강화물이라고 한다. 개가 착한 행동을 할 때마다 먹이를 주며 "잘했어."라고 말하길 반복하면 결국 개는 '잘했어'를 먹이와 동일시 여기게 되는데, 이렇듯 일종의 학습에 의해 만들어지는 것이기 때문에 학습된 강화물이라고도 한다. 돌고래 훈련에서는 호루라기 소리가 조건 강화물이고, 우리 책에서는 클리커가 조건 강화물이며, 인간 세상에서는 돈이 조건 강화물에 속한다.

조건형성(conditioning)
자극과 반응이 서로 연결되게끔 만드는 절차. 행동이 습관화, 즉 학습화되는 과정을 말한다.

조작(operant)
스키너는 '결과를 일반화하기 위해 환경에 조작을 가하는 자발적인 행동(1953)'을 표현하기 위해 조작적(operant)이라는 용어를 사용했다. 즉, 원하는 결과를 얻어 낼 의도로 자발적으로 환경에 어떤 행동을 하는 것을 말한다.

조작적 조건형성(operant conditioning)
행동주의 심리학에서 나온 학습 이론 중 하나로 B.F.스키너에 의해 체계화되었다. 조작적 조건형성이란 유기체가 어떤 행동을 하고 난 뒤 일어나는 결과에 따라 행동이 더 증가하거나 반대로 감소되는 과정을 말한다. 예를 들어 그 행동의 결과가 기분 좋은 것이었다면 그 행동을 할 확률은 더 증가하고, 그 행동의 결과가 기분 나쁜 것이었다면 그 행동을 할 확률은 낮아진다.

클리커 트레이닝(clicker training)
행동심리학 학습 이론에 기초한 동물 트레이닝 방법으로 바람직한 행동을 포착해서 표시하고 보상해 주는 것이 주요 원리다. 행동을 표시하기 위해서 짧고 독특한 '클릭' 소리를 내는 '클리커'라는 도구를 사용하는데 이 소리는 동물에게 그들이 그 순간 바람직한 행동을 하고 있음을 정확히 알려 주는 역할을 한다. 긍정적 강화와 함께 사용되는 이 명확한 의사소통 형태는 안전하며 인도적인 방법으로 모든 종의 동물에게 원하는 행동을 효율적으로 가르칠 수 있다. 반드시 클리커일 필요는 없다. 행동을 표시해 줄 만한 소리를 내는 다른 기구(호루라기, 병뚜껑 등)를 사용할 수 있다.

타임아웃(time-out)
문제 행동을 없애기 위해 일정 기간 동안 정적 강화물을 차단하는 것을 말한다.

표시 신호(marker signal)
트레이너가 원하는 개의 행동을 표시해 주는 신호. 우리 책에서는 클리커의 클릭 소리.

행동형성 또는 형성(shaping)
하나하나 조각을 통해 완성된 작품을 만들어 내듯 여러 단계를 거쳐 최종적으로 목표한 행동을 만들어 나가는 것. 즉, 원하는 행동에 점차 근접해 가는 행동들을 강화해 나가는 과정을 말한다.

부록_2

클리커 트레이닝 다이어리 :
일주일, 개와 사람이 함께 배우다

글 : 김소희

동영상으로 보는 클리커 트레이닝 다이어리

이해를 돕고 재미를 더하기 위해 개와 함께 클리커 트레이닝을 배우는 모든 과정을 영상으로 정리해 두었습니다. 귀여운 두 마리 개가 얼마나 빠르게, 또 어떻게 변해 가는지 그 과정을 재미있게 즐겨 보세요.
인터넷에서, 혹은 www.petianbooks.com에서 「클리커 트레이닝 다이어리」를 검색해 주세요. 스마트폰을 이용해 큐알 코드를 촬영하시면 편리합니다.

클리커 트레이닝 지도 및 도움말씀

클리커 트레이너 권경일
현 페티앙캐슬 훈련소장
영국애견협회 애견훈련(G.C.D.S) 심사관

1992-2010	삼성 에버랜드 국제화센터 근무, 도우미견 총괄
2009	미국 애견행동학 전문가과정 이수
	(Legacy Canine Behavior & Training : Terry Ryan)
2002	영국애견협회(K.C) 애견훈련(G.C.D.S) 심사관 자격취득
1996	영국 애견훈련 연수(Essax dog display team)

내가 할 수 있다면 모든 사람도 할 수 있지 않을까?

클리커 트레이닝이라는 긍정적인 방법의 동물 훈련법이 있다는 사실만 알았지 이렇게 실제로 몸을 움직여 배워 보기는 저 역시 처음입니다. 번역은 벌써 끝마쳤고 이미 책으로 출판되었어야 했을 원고를 몇 달째 붙잡고 직접 배워 보겠다고 극성을 떤 이유는 무엇보다도 이 책대로만 하면 정말로 애견 교육이 가능한지 직접 확인해 보고 싶었기 때문입니다. 훈련이란 걸 제대로 배워 본 적도 없고, 심지어 10년째 개를 키우고 있지도 않은 제가 배울 수 있다면 다른 애견인들 모두가 배울 수 있을 것이라는 생각도 들었습니다. 올바르게 행동하고 있는지 지켜봐 줄 참관자가 필요하다는 책 속의 문구가 떠올라 국내에 몇 안 되는 클리커 트레이너 중 한 분인 권경일 소장님께 도움을 청했습니다.

한 달간 틈틈이 서울과 용인을 오가며 이 책에 나온 대로 클리커를 이용해 명이_{웰시 코기, 수컷, 6개월}와 둥둥이_{골든 레트리버, 수컷, 4개월}를 트레이닝시켜 보았습니다. 명이는 나이답지 않게 늘 진지하고 조용한 성격이었고 둥둥이는 지나치게 에너지가 넘쳐서 잠시도 가만히 있지 못하는 성격이었습니다. 총 6일에 걸쳐 세션 전 과정을 촬영한 필름 총 시간은 약 7시간 정도. 그러니까 사실상 개 한 마리당 서너 시간이 걸리지 않았습니다. 게다가 이 다이어리에서 소개될 교육만이라면 3시간도 채 되지 않을 것 같습니다. 이 정도 시간 투자로 기본 교육을 시킬 수 있다면 정말 근사한 일 아닐까요? 물론 그 행동을 언제 어디서든 누구와도 할 수 있게끔 견고하게 만들기 위해서는 좀 더 시간이 필요하겠지만 말입니다.

그 수업 과정들, 수업 중에 있었던 에피소드들, 개인적인 느낌이나 생각, 그리고 소장님의 특별 팁 등을 메모해 두었던 것을 일기처럼 재정리해서 그 과정을 담은 동영상과 함께 여러분과 공유하려고 합니다. (한정된 지면이다 보니 전달 과정 중에 오해가 생기지는 않을까 걱정이 되기도 합니다.) 동물과 함께하는 일이다 보니 상황이 여의치 않을 때는 아예 시작조차 못한 날도 있었고, 하더라도 흥미를 잃기 전에 세션을 끝낼 수밖에 없었던데다 하루에 여러 가지 동작을 하기도 해서 날짜별이나 세션별이 아닌 각 동작을 트레이닝하는 과정을 레슨이라고 이름 붙여 정리했습니다. 일반 가정에서 키우는 개들에게 가장 필요한 기본 동작들, 즉 '앉아', '엎드려', '기다려', '이리 와' 및 산책 시 얌전히 따라 걷게 하는 법 등을 중심으로 엮었다는 것도 알려 드립니다.

이 설레는 느낌을 많은 사람들과 공유하고 싶다

개와 이런 대화를 나눌 수 있다면 어떤 기분일까요?

개 : 이렇게?
나 : 아니(클릭 안함).
개 : 그럼 이건가?
나 : 아니(클릭 안함).
개 : 그럼 이렇게?
나 : 응, 바로 그거야(클릭!).
개 : 야호! 그럼 이건?
나 : 와우~ 그건 더 좋지(클릭+잭팟).
개 : 좋아! 확실히 알았다고.

클리커 트레이닝을 직접 배워 본 후 가장 기억에 남는 것을 이야기하라면 크게 두 가지를 꼽을 수 있습니다. 하나는 개와 대화를 하는 것 같은 기분을 느꼈다는 것입니다. 위와 같은 대화가 환청처럼 들려오는 것 같기도 했고 송수신이 가능한 끈 같은 것이 나타나 개와 나 사이를 이어 주는 것 같기도 했습니다. 경험해 보지 않은 분들께는 설명하기가 힘듭니다. 심장 뛰는 그 느낌을 경험해 보신 분들과 그 감동을 공유할 날을 손꼽아 기다리고 있겠습니다. 다른 하나는 클리커 트레이닝의 성과는 개가 똑똑한가 아닌가와는 상관없는 문제이며 사람이 얼마나 확실하게 기본 내용을 이해하고 그 과정을 올바르게 디자인했으며 또 얼마나 명확하게 그것을 전달하느냐에 좌우된다는 것을 깨달았던 점입니다. 제가 과정을 제대로 이해하고 자신 있게 리드하면 개들은 빠른 속도로 진도를 따라왔지만 반대로 우왕좌왕하면 개 역시 혼란스러워하며 세션에 집중하지 못했습니다. 어떤 책에서 읽었던 '멍청한 개는 없다. 멍청한 주인만이 있을 뿐.' 이란 말이 실감나는 순간들의 연속이었습니다.

 클리커 트레이닝에 관한 한 저는 여러분과 같은 출발선에서 시작했습니다. 직접 몸을 움직여 해 보면서 책을 읽을 때는 잘 이해되지 않았던 부분도 이해할 수 있었고 또 완벽하게 공감하기도 했습니다. 사실 번역할 때는 대수롭지 않게 여겨졌던 말들이 실제 배우는 동안에는 얼마나 중요한 내용인지 또는 정확한 표현이었는지에 놀라 '아하!' 무릎을 치기 일쑤였습니다. 여러분과 똑같은 입문자로서 겪었던 어려움이나 의문점 등을 가감 없이 넣었습니다. 저의 시행착오를 거울삼아 수고를 더시길 바라고 혹시라도 힘들고 어렵고 복잡하게 느껴진다면 저 역시 그랬지만 몇 번의 연습만에 아주 능숙해졌다는 사실도 기억해 주시길 바랍니다. 그리고 이 모든 것을 해내는 데 '일주일' 이 채 안 걸렸다는 사실도요.

 처음 '개가 생각하는 모습' 을 보았던 순간 그리고 텔레파시라도 통하는 듯한 기분이 들었을 때 제가 느꼈던 감동과 신비로움, 설렘 등을 여러분들도 꼭 느껴 보시기 바랍니다. 더 많은 분들이 클리커로 개를 교육시키는 방법을 디자인하는 데 동참하고 서로의 의견을 더해 나가길, 또 언젠가 다함께 모여 우리가 얼마나 달라졌는지 그래서 우리 개들이 얼마나 달라졌는지, 그리고 이로 인해 그들과의 유대감이 얼마나 더 돈독해졌는지 이야기꽃을 피울 수 있는 날이 오길 꿈꾸면서 '클리커 트레이닝 다이어리' 를 시작합니다.

Lesson 1.

개 없이 행동 포착, 클릭, 포상 주는 연습부터
으잉? 생각보다 어렵네?

첫 세션. 시간이 다 되었는데도 개는 어디에도 보이지 않는다. 대신 개가 앉아 있는 사진 한 장만 테이블 위에 달랑. 잉?

"자, 시작하기 전에 한 가지 질문을 드릴게요. 클릭은 언제 하고 포상은 어떻게 주실 건가요?"

"개가 제가 원하는 행동을 하는 순간에 정확히 클릭하고 또 그 즉시 포상을 줘야죠."

소장님 행동을 보며 클릭하고 사진 속 개에게 포상 주는 연습 중. 너무 못하니 저렇게 웃음보가 터지더라는.

소장님의 질문에 똑 부러지게 답한 것 같아 살짝 으쓱하기까지 했다.

"조금 더 세부적으로 생각하고 계셔야 해요. 앉을 때 하겠다 혹은 오른쪽으로 돌 때 하겠다 같이요. 자, 그럼 저를 훈련시킬 대상이라 생각하시고 한 번 시작해 보세요. 제가 오른손을 이렇게 올리면(선서할 때의 손동작처럼) 그 순간에 클릭하고 이 사진 속 개에게 포상을 줘 보세요. 개 입에 정확하게 넣어야 합니다. 아시겠죠? 시작합니다."

"음. 그게 뭐 어려운 일일까요?"

그 정도 기본은 머릿속에 있는데 왜 이런 걸 할까 하는 생각과 동시에 소장님의 움직임이 시작되었다. 자유롭게 움직이며 이런저런 이야기를 하시는 소장님의 이야기에 귀를 기울이고 있자니 손을 드는 동작을 보지 못했나 보다.

"왜 클릭 안 하세요?"

"네? 언제 손 올리셨어요?"

이럴 수가! 집중! 다시. 이번에는 오른손이 올라가는 걸 보긴 했는데 클릭할 타이밍을 놓쳐 버렸다. 이미 손이 '내려오기 시작한' 후에야 뒤늦게 클릭하거나 아예 클릭을 못하길 계속. 심지어 오른손이 아니라 왼손이 올라가는데도 반사적으로 손이 움찔하며 클릭을 해 버렸다.

'엄마야, 이 손이 왜 이래. 미쳤나?'

손 탓을 해 봐야 이미 클릭 소리는 울리고 난 후다. 너무 당연해 보였던 것을 못하니 어이가 없어 웃음이 터져 나왔다.

"자, 이번에는 오른발로 바꿉니다. 발이 살짝이라도 올라가는 순간에 클릭하세요."

역시 쉽지 않았다. 발이 올라가는 걸 보긴 했는데 올라갈 때가 아니라 내려올 때야 클릭을 하거나 아예 못하기 일쑤였다. 포상 주기는 또 어떻고. 역시 아예 주지 못하거나 개의 입에 정확히 놓긴커녕 사진 밖으로 튀어 나가 있는 게 훨씬 많았다. 그 상태로는 개 입이 테이블 크기 정도는 되야 다 먹일 수 있을 듯 했다. 게다가 긴장해서인지 손이 헷갈려 클릭을 할 순간에 포상을 주고 포상을 줘야 할 때는 클리커를 누르기도 다반사. 제일 심한 건 클리커 대신 포상을 눌렀을 때다!

그렇게 진땀 빼는 와중에 수업이 끝났다. "그게 뭐 어려운 일일까요?"라던 내 목소리가 용인에서 집에 도착할 때까지 귓가를 윙윙 울리며 떠나질 않았다. 행동을 포착해서 정확한 타이밍에 클릭을 한다는 것은 생각보다 쉽지 않았고 사진 속 개의 입에 정확히 포상을 넣어 주는 것도 마찬가지였다.

"항상 미리 연습하고 머릿속에 분명히 무엇을 할지 정리하신 다음에 개를 데리고 트레이닝을 시작하셔야 해요. 안 그러면 지금처럼 우왕좌왕 실수하게 되고 개한테 아무것도 알려 줄 수가 없게 돼요."

언젠가 피아노 연주회에 함께 갔던 친구가 어떻게 왼손용 오른손용 악보를 동시에 읽고 왼손 오른손을 따로따로 움직일 수 있냐며 자긴 도저히 못하겠노라고 하소연하던 일이 떠올랐다. 생각해 보니 그럴 법도 했다. 하지만 피아노 연주도 연습하면 자연스러운 일이 되지 않던가? 눈으로는 대상의 행동을 관찰하면서 적절한 순간에 양손을 정확하게 따로따로 쓰는 클리커 트레이닝 또한 피아노 연주처럼 연습이 필요한 일이라는 생각이 들었다. 아니나 다를까. 몇 차례 연습하자 양손의 움직임도 훨씬 빨라지고 자연스러워졌고 조금씩 늦긴 했지만 제법 소장님의 움직임을 잘 포착해 클릭할 수 있었다. 운동 신경이 매우 뛰어난 사람이라면 몇 번 만에 정확히 감을 잡을 수 있겠지만 그렇지 않은 평범한 사람이라면 나처럼 다소 연습이 필요할 것이다. 개와 함께 평생 행복하게 살 수 있다는데 이 정도 연습쯤이야 뭐.

권소장님 팁

개와 함께 훈련을 시작하기 전에 먼저 주변 사람들과 실험을 해 보는 것도 재미있습니다. 특정 동작 또는 행동을 할 때마다 클릭을 하기로 약속하는 것이지요. 예를 들어 가족이나 친구가 자연스럽게 행동하는 가운데 오른손을 들 때마다 그 순간을 포착해 클릭합니다. 혹은 텔레비전을 보고 있다가 배우가 눈을 감거나 손을 움직일 때마다 포착해 클릭하고 사진이나 인형을 대상으로 포상을 주는 연습도 좋습니다. 이런 과정들이 클리커를 누르고 포상을 주는 손을 능숙하게 움직이도록 도와줍니다.

Lesson 2.

클리커와 포상의 의미 알려 주기
'클릭 소리가 나면 기분 좋은 일이 생기는구나.'

이제 두 번째 단계. 본격적인 클리커 트레이닝에 앞서 개에게 클릭 소리의 의미를 알려 줄 차례다. '클릭 소리가 나면 기분 좋은 일이 생기는구나.' 라는 명쾌한 규칙을 알려 주는 것이다.

"하다 보면 클리커를 많이 떨어뜨리게 됩니다. 적어도 처음에는 개의 집중력을 흐릴 수 있는 행동은 안 해야 해요. 클리커를 고무줄로 연결해 손목에 끼워 두면 그럴 염려가 없어 좋아요. 포상을 넣어 둘 가방 같은 것도 허리에 매시면 편하고요."

명이와 둥둥이

그래 봤자 얼마나 떨어뜨릴까 싶었던 생각은 또다시 여지없이 빗나가 연결 줄을 준비하지 못했던 첫날은 실제로 클리커를 여러 번이나 떨어뜨렸고 개는 떨어진 클리커를 먹기(?) 위해 쏜살같이 움직였다. 또 포상 가방이 없을 때는 먹이를 손 안에 여러 개씩 쥐고 있게 되어 하나씩 주기도 불편했고 시도 때도 없이 떨어뜨리기도 했다. 그렇다고 매번 먹이를 접시에서 꺼내오거나 옷 주머니 안에 넣는 것도 불편했다. 결국 장비만큼은 아주 전문가답게 포상 가방까지 착용했는데 역시 손이 자유로워 훨씬 편했고 트레이닝에 집중할 수 있었다.

"그럼 클리커는 어느 손에 들 건가요? 먹이는요?"

아이고. 제때에 클리커를 누르고 포상을 준다는 것만 열심히 생각하고 있었지 이런 구체적인 생각까지는 해 보지 못했다. 하지만 트레이닝을 시작하기 전 항상 '내가 어떻게 행동할 것인지 머릿속에 구체적으로 지도를 그려 놓고 있어야 한다.'는 것이 소장님이 매 수업마다 강조하는 것. 아무튼 나는 클리커는 오른손으로, 포상 가방은 왼쪽으로 오게 매서 왼손으로 포상을 주기로 결정했다(꼭 클리커와 포상을 양손에 하나씩 쥐고 해야 한다는 규칙은 없다. 각자 편한 대로 하면 된다). 준비 끝!

명이는 소장님에게 이 레슨 과정을 이미 배웠지만 낯선 사람과 해 보는 것은 처음이라 했다. 그래서인지 약간 어색해하는 듯했지만(알고 보니 처음의 그 굳은 듯한 표정은 명이의 트레이드 마크. 한 달간 웃는 얼굴, 심지어 비슷하게 헥헥대는 모습조차 한 번도 보지 못했다. 소몰이견의 후예답게 체력이 강해서 그런 건지.) 곧 클릭 소리와 포상의 관계를 정확하게 이해하는 듯 행동하기 시작했다. 클릭, 포상. 클릭, 포상. 이때 한자리에 머물지 않고 돌아다니며 했다. 다만 클리커와 포상이 든 손은 숨겨야 한다고 했는데 텔레비전을 향해 리모트 컨트롤을 누르듯 자꾸 클리커를 든 손을 개 얼굴 쪽으로 내밀면서 눌러 댔다. 또 클리커를 든 손을 앞으로 내밀 때 포상을 꺼내 든 왼손도 같이 내밀게 되었는데 아마 클릭하자마자 포상을 줘야 한다는 생각으로 마음이 급해서 그랬던 것 같다. 아무튼 무슨 쌍권총 뽑는 것도 아니고 모양새가 꽤나 우스꽝스러웠다. 결국 고치기 위해 오른손을 허리 뒤로 보내고 나니 조금 나아졌다.

잠깐 전화벨이 울려 클릭한 뒤 포상을 주는 걸 깜빡하자 소장님이 강조한다.

"이 단계에서는 클릭하신 다음에 포상 안 주시면 절대 안 돼요. 지금 개와 새로운 약속을 설정하고 계시는 거에요. 클릭을 하셨다면 무조건 포상을 주셔야 해요. 그리고 절-대 말하지 마세요. 말할 필요가 없어요. 나중에는 격려해 주는 말이나 칭찬을 해 줘도 되지만 처음에는 금물입니다."

한편 어디선가 엉덩이를 크게 흔들며 나타난 둥둥이는 땅에 떨어진 건 무조건 삼키려 해서 잠시도 눈을 뗄 수 없는 천방지축이었다. 동시에 사방팔방에 다 있는 기분이 들 만큼 너무 산만하고 행동도 어수선해서 클리커 소리에 신경이 나 쓸지 의문이었다.

"저런 녀석은 아무래도 트레이닝이 불가능할 것 같은데?"

현장에 있던 모두가 이렇게 입을 모았다(사진작가, 동물행동학자, 수의사, 트레이너, 카메라 VJ들 : 처음 개에게 클리커를 소개할 때는 주변에 관심을 끌 만한 것이 전혀 없는 아주 조용한 곳에서 하라고 했지만 어쩔 수 없이 나를 포함해 6-8명이 한 공간에서 각자의 할 일을 하는 가운데 세션을 진행해야 했다. 심지어 테이블 위에는 햄버거를 비롯한 먹거리도 가득했다).

원래 계획은 명이와만 트레이닝을 할 생각이었지만 나이, 성별, 성격과 상관없이 모든 개가 클리커 트레이닝이 가능하다고 했던 책 속의 문구가 휙 떠오른 데다 쉬는 동안 내 자세 연습이나 해 보자 싶어 둥둥이에게도 클릭, 포상의 과정을 해 보기 시작했다. 둥둥이는 클리커를 이 순간 처음 소개받았고 태어나서 훈련이라곤 한 번도 받아 본 적 없었다. 그런데 세상에! 몇 분도 채 안 되어 클릭 소리와 포상 간의 관계를 파악해 내는 모습을 보고 다함께 놀라고 말았다. 엉덩이를 휘저으며 여기저기 번개처럼 쏘다니던 녀석이 얌전히 앉아 내 앞을 떠날 줄 몰랐다. 빙고! 너무 간단했다. 물론 여전히 엉덩이를 휘두르며 꼬리로 바다 청소를 하고 있긴 했지만 집중력이 엄청났다. 다만 매번 손톱에 목젖이 찔리지는 않을까 걱정될 만큼 내 손을 거의 통째로 삼키려 하는 바람에 손이 침 범벅이 되었지만 말이다. (아직 어려서 먹이를 손으로 받아먹는 법을 배운 적 없기 때문이었는데 시간이 갈수록 차츰차츰 좋아졌다.)

자 그럼, 개가 클릭 소리와 포상과의 관계를 확실히 배웠는지 어떻게 확인

할까? 책 그대로였다. 이쯤 했으면 됐겠다 싶은 순간에 클릭을 한 후 포상을 바로 안 주고 시간을 끌어 보았다. 그랬더니 '왜 안 줘?' 라는 듯 이리저리 포상을 찾는 기색이 역력했다. 자, 이제 본격적인 클리커 트레이닝을 시작할 준비가 끝났다. 두근두근.

> **권소장님 팁**
>
> 클리커를 누르는 손은 보이지 않는 것이 좋습니다. 일부러 클리커를 누를 때마다 앞으로 내민다거나 개의 눈앞에 들고 있는 것처럼 특정한 손의 위치 및 모양 등은 개에게 잘못된 신호가 될 수도 있습니다. 또 이 단계 레슨에서는 포상을 빨리빨리 주는 것이 관건입니다. 클릭과 포상 사이의 시간차를 최소화해야 합니다.

Lesson 3.

앉기 그리고 아이콘택트
너무 쉽잖아?

명이도 둥둥이도 클릭과 포상 간의 관계를 확실히 알았다. 이제 본격적으로 클리커 트레이닝을 시작할 단계. 과연 정말 효과가 있을까? 기대도 되고 잘할 수 있을지 두렵기도 했다.

이제 앉기를 가르쳐야 하는데 책대로라면 크게 '첫

천방지축이었던 둥둥이가 너무 얌전히 앉아서 나를 올려다보고 있다.

째, 앉을 때까지 무작정 기다린다. 둘째, 앉게끔 유도한다.' 두 가지 방법이 있다. 일단 어떤 방법을 써야 하는지 반응을 보고 나서 결정하려 했는데 명이는 내가 서서 자기를 쳐다만 봐도 클릭 소리와 포상을 기대하며 저절로 앉아 버렸다. 키 작은 명이로서는 앉아야 나를 올려다보기가 더 쉬워서 그러는 것 같았다.

"클릭이 계속 늦어요."

소장님이 계속 내 행동을 보고 지적해 주신다. 명이는 쉽게 앉아 줬지만 나는 매번 클릭할 순간을 놓쳤다. 내 딴에는 앉는 찰나에 클릭한다고 하는 건데도 이미 앉아 버린 후에 클릭을 하거나 너무 늦어서 아예 못하는 등 정확한 클릭 타이밍 잡기가 꽤 힘들었다. '아 진짜 몸치인 건가?'

타이밍도 문제였지만 여전히 클릭하는 손과 포상을 주는 손이 헷갈렸다. 클릭을 해야 하는데 포상 줄 손을 움찔하고 클릭은 빼먹고 포상만 주고. 머릿속으로 다시 개의 동작과 내 몸의 동작을 그림으로 몇 번이나 그려 본 후 다시 시작했다. 쉬는 시간은 개를 위해서도 그렇겠지만 초보 트레이너를 위해서 더 필요한 것 같았다. (소장님과의 연습이 도움이 많이 되었던 것 같다. 정말이지 친구나 식구들과 해 보길 꼭 추천한다.)

한편 처음엔 포상을 손가락으로 잡고 주니 아주 손가락을 이빨로 긁어 먹을 작정인 것 같았다. 물리진 않았지만 반복되자 손이 쓰라렸다(게다가 개 침(또는 털)에 알레르기가 있어서 손이 통통 부어올랐다). 곧 포상을 손가락으로 집어서 주는 것보다 포상이 든 주먹을 코앞에 댄 후 그대로 손을 펼쳐 주는 것이 더 편하고 개에게 손을 씹히지도 않는다는 것을 알았다. 또, 사실 포상을 한 개만 꺼낸다는 게 여러 개가 딸려 나와 바닥에 뜬금없이 떨어지기도 했고 클릭을 하기도 전에 공중으로 슝 날아가기도 했다. 언제 떨어진 것인지도 모르는 포상이 바닥에 있어 훈련 중에 갑자기 개가 그쪽으로 가 버려 세션이 끝나기도 했기 때문에 포상을 주는 기술에 대해서 너무 쉽게만 생각하면 안 될 듯했다.

둥둥이의 경우 역시 한참을 클릭과 포상이 없자 나를 올려다보느라 저절로 앉아 버렸기 때문에 굳이 앉는 행동을 유도할 필요가 없었다. 두 마리 모두 모범생인 것인지 클리커 트레이닝이 정말 대단한 것인지 개들은 계속 쉽게 해내고 있었고 나만 여전히 헤매고 있는 것 같은 기분이었다.

아무튼 앉게 할 때는 아무 말도 하지 않고 조용히 그저 개가 저절로 앉아 버리는 순간을 포착해 클릭하고 포상 주고 다시 자리를 옮겨 이 과정을 되풀이하면 된다.

앉는 행동이 클릭 소리와 포상을 벌어다 준다는 것을 눈치 챈 개들은 정말 열심히 앉았다. 앉고, 앉고 또 앉고. 기특한 녀석들 같으니.

더군다나 이쯤 되자 둥둥이의 정신없이 부산했던 모습은 온데간데없었다. 너무 얌전히 앉아서 차분하게 내게 집중하는 모습에 모두가 환호성을 질렀다(여전히 엉덩이를 흔드느라 몸 전체가 흔들리긴 했지만). 사실 명이는 워낙에 침착하고 점잖아서 잘해도 그저 잘하는구나 싶었지만 둥둥이는 예상밖이었기에 더 신통방통했다.

앉는 행동이 너무 익숙해지자 이번에는 약간씩 클릭하는 타이밍을 늦췄는데 그러면 계속 앉아 있었다. '어떤 행동을 지속시킬 때는 클릭하는 타이밍을 서서히 늦춘다.' 책에 나온 그대로였다. 처음에는 1, 2초 정도만 클릭을 늦췄다가 차츰차츰 시간을 늘려 나갔다. 20초쯤은 가뿐했다. 결국 앉은 상태에서 '기다려'까지 성공! 너무 쉬워서 황당할 정도였다. 아무 말도 안 했는데 몇 분 만에 이렇게 할 수 있다니!

한편, 일단 잘 앉게 되자 아이콘택트eye-contact를 하게 만드는 것도 생각보다 너무 쉬웠다. 앉는데도 내가 클릭을 하지 않자 포상 가방만 뚫어져라 쳐다보던 명이가 대체 왜 클릭 안 하냐는 듯이 내 눈을 쳐다봤다. 그 순간 클릭. 포상. 몇 번을 나와 눈이 마주칠 때마다 클릭, 포상. 클릭, 포상. 야호! 이제는 아예 계속 내 눈을 뚫어져라 주시하기 시작했다. 그렇게 맑고 예쁜 눈동자로 날 올려다보고 있으니 온통 마음이 녹아내리는 것 같았다. 둥둥이의 경우도 역시 아이콘택트를 쉽게 했다. 같은 과정으로 쉽게 성공! 이건 뭐 굳이 트레이닝이라 할 것까지도 없을 듯할 정도다. 자신감 급상승. '조만간 동네 개들 좀 쫙 모아 놓고 교육 좀 시켜 봐야겠는걸.' 하는 생각까지 들었다(뒤에서 좌절하는 이야기가 나오니 끝까지 읽어 봐 주시길).

세션이 끝나고 소장님과 이야기 중인데도 시도 때도 없이 내 앞에 와서 앉은 채 날 올려다보는 개들이 어찌나 귀엽고 또 동시에 난감하던지. 우리도 공부가 그렇게 즐거울 수 있다면 얼마나 좋을까?

"둥둥아, 그렇게 공부가 좋아? 오늘은 공부 끝이야. 이제 저기 가서 놀아."

권소장님 팁

- 포상은 정확하게 입 안에 넣어야 군더더기 행동이 늘지 않고 수업 시간이 지체되어 집중력이 흐려지는 것도 막을 수 있습니다. 먹이를 받아먹는 방법도 가르칠 필요가 있는데, 일단 포상을 줄 때 주먹을 타겟으로 사용해서 코를 얌전히 갖다 대는 순간 클릭을 한 번 더 하고 손을 펼쳐 먹이를 주면 좋습니다. 반대로 포상이 든 손을 험하게 대할 때는 클릭을 안 하는 것은 물론 그 손을 뒤로 빼 버리면 됩니다.

- 일단 앉은 개를 일어나게 하려면 우리가 계속 움직여야 합니다. 개는 움직이는 것을 쫓는 본능이 있습니다. 우리가 계속 움직이면 개는 당연히 우리를 쫓아 움직이고 주시합니다. 즉, 개의 움직임을 유도할 수 있습니다.

Lesson 4.

엎드리기
말없이 서로 의사소통하고 있다는 신비로운 느낌?

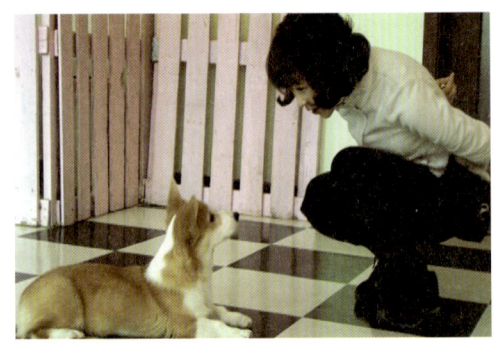
명이가 엎드린 채 나와 아이콘택트를 하고 있다.

'엎드리기' 트레이닝은 명이의 경우에 어렵지 않았다. 일단 명이를 서서 내려다보면 명이는 나를 올려다보기 위해 앉았고 그 상태에서 먹이가 든 주먹을 아주 천천히 앞발 사이 쪽으로 내리면 코가 따라오면서 몸을 낮출 수밖에 없었다. 처음에는 엎드리려다가 곧장 일어나 버렸지만 그럴 때면 클리커를 누르지도 않고 먹이가 든 손도 뒤로 빼 버렸다. 엎드리지 않고 일어났다는 이유로 개의 몸을 누르거나 윽박지르거나 화를 낼 필요가 전혀 없다. 그저 클릭을 안 하면 된다. 얼마나 기분 좋고 멋진 방법인지.

그리고 다시 앉아 있는 상태에서 먹이가 든 손을 코앞에서 앞다리 사이로 최대한 천천히 내렸다. 처음에는 엉덩이는 올리고 입만 내렸는데 몇 번 반복하자 곧 엉덩이를 붙인 상태에서 고개를 낮췄다. 그때마다 클릭하고 손바닥을 펼쳐 포상. 이 또한 조금 익숙해지자 장소를 옮겨 가며 반복했다. 될 때도 있고 안 될 때도 있고 동작이 애매모호할 때도 있었지만 내가 바라는 행동에만 클릭을 하고 그렇지 않을 경우엔 클릭을 하지 않자 결국엔 완벽해졌다. 이 역시 몇 분 만에.

"둥둥이는 아무래도 '엎드리기'는 못할 것 같은데요?"

한편, 둥둥이의 경우는 엎드리는 행동을 유도하기가 정말 힘들었다. 미션

임파서블. 불가능할 것 같다는 생각까지도 들었다. 둥둥이는 앉기, 기다리기, 아이콘택트는 정말 순식간에 해 버렸지만 엎드리게 유도하려고 포상을 숨긴 손을 내리면 온몸을 흔들며 정신없이 일어나 손을 통째 먹어 치우려 하는 바람에 행동을 유도하기도 포착하기도 어려웠다. 둥둥이가 일어나 버리면 손을 계속 바닥에 둔 채 포상을 주지 않았는데 그러면 한참 손을 벌리려 애쓰다 마음대로 안 되면 일어나 내 얼굴이며 어깨를 덮칠 듯이 굴었다. 답답해하는 게 느껴졌다. 세션을 그만둬야 하는 상황이 계속 벌어졌다. 그만두고 또 그만두고. 때로는 답답한지 자기가 먼저 다른 곳으로 가 버리기도 했다.

하지만 또 어느새 옆에 와서 내 눈을 바라보며 앉아 있었다. 내가 그만뒀다 해도 둥둥이는 나를 졸졸 따라다니며 내가 보고 있건 말건 혼자 앉아서 아이콘택트를 시도했다. 그런가 하면 우연히 둥둥이가 엎드리는 순간이 일어났는데 너무 반갑고 당황한 나머지 '어..어..?' 소리만 내다가 클릭을 놓쳐 버리기도 했다. 쉬는 시간과 세션을 반복하는 동안 수없이 행동을 유도하자 결국 둥둥이가 엎드리기 시작했고 나 또한 살짝 타이밍이 늦긴 했지만 클릭과 포상도 무사히 줬다. 그때 소장님이 한 말씀 하신다.

"그럴 때는 잭팟 터뜨려 주셔도 돼요. 너무 포상에 인색하세요. 그렇게 잘 했는데 진짜 큰 선물을 줘서 기억에 남게 해 주셔야죠. 그게 잘 안 되면 실컷 쓰다듬어 주고 잘했다고 칭찬이라도 해 주세요. 참, 잘했다고 클릭을 여러 번 누르는 건 금물이에요. 클릭은 언제나 한 번만 하셔야 한다는 걸 기억하세요."

아직 적응이 안 되서인지 처음 어떤 행동을 했을 때는 재빨리 클릭 후 포상을 한 움큼 줘서 기억에 남도록 해 줘야 하는데 그게 잘 안됐다(하지만 이것도 차츰 고쳐져서 나중에는 잭팟과 '잘~~했어!' 쓰다듬어 주기까지 능숙하게~).

혹은 '앉아' 상태에서 계속 클릭을 안 하자(손으로 유도하지도 않고) 30초쯤 후에 혼자 엎드리기도 했다. 지쳐서인지 내 의도를 알아서인지는 알 수 없지만 어쨌든 빙고! 용케도 그 순간에 클릭. 아무튼 둥둥이는 일단 자기가 엎드렸을 때 클릭을 받는 일이 몇 차례 일어나자 재빨리 내가 하고 있는 게임의 규칙을 간파한 것 같았다. '아하! 이거였구나?' 둥둥이는 열심히 엎드리기 시작했고 이리저리 장수를 바꿔 가며 해 봐도 마찬가지였다.

"이제 완전히 이해했어요. 신기해요. 신기해요."

확실히 이해하자 둥둥이는 이제 날 졸졸 따라다니며 앉는 것뿐만 아니라 엎드리는 행동도 열심이었다. 소장님의 주옥같은 팁들을 메모하고 있는 중에도 와서 엎드리고 화장실 갔다 나오니 앞에서 엎드리고 있고. 하하.

"둥둥아, 끝났어. 이제는 엎드리기 안 해도 돼. 나중에 다시 하자."

말해 봐야 못 알아들을 걸 알면서도 인간답게 또 말을 건넨다. 동물행동학자들이 하는 대로 이럴 때는 시선을 피하면 된다. '난 더 이상 너랑 할 일이 없어.'라는 말을 전달해 주는 최고의 몸짓 언어. 그래도 소장님과 이야기 중에 둥둥이가 엎드리자 반사적으로 클릭을 한 적이 몇 번 있었다. 습관이란 참 무섭다.

또 엎드리기가 익숙해지고 나서 클릭을 늦추자 동작을 유지했고(기다려 성공!) 아이콘택트를 할 때마다 계속 클릭을 했다. 이제 명이도 둥둥이도 완벽하게 앉기, 앉아서 기다리기, 엎드리기, 엎드려서 기다리기, 아이콘택트까지 해내고 있었다.

"정말 신기해요, 소장님. 개랑 대화 나누는 것 같아요. '이렇게? 이렇게?' 하고 말하는 것 같은 느낌이 들어요."

"네, 그걸 애들도 아니까 재미있어 하는 거죠. 못 느낀다면 지루해서 이렇게 못할 거예요. 그러니 세션이 끝나도 자꾸 와서 하는 겁니다."

내가 이 트레이닝에 익숙해지는 사이 명이도 둥둥이도 클리커를 통해 내 의도를 조금씩 알아차리고 이해하고 있다는 것이 눈에 보였다. 뭐랄까, 한 마디 말은 없지만 서로 정확하게 의사소통하고 있다는 신비로운 느낌? 이쯤 되자 나 역시 행동이 덜 뻣뻣해졌다는 칭찬을 들었다. 칭찬은 정말 기분 좋은 일이다. 절로 엉덩이가 씰룩댈 만큼 말이다. 정말이지 칭찬을 기반으로 하는 이 클리커 트레이닝법이 너무너무 마음에 든다. 개들도 즐거운 것 같고 나도 춤추고 싶고~!

권소장님 팁

- 아이콘택트는 너무 중요합니다. 개가 나에게 집중하고 있다는 신호고 그래야 내가 어떤 지시를 내릴 수 있습니다. 지시할 때는 반드시 아이콘택트가 된 상태에서 해야 합니다. 개가 나를 보고 있지도 않은데 어떻게 지시받은 대로 할 수 있을까요? 반대로 세션이 끝났을 때는 등을 돌리고 서서 아이콘택트를 하지 않으면 됩니다.

- 평소에 개와 함께 생활하는 동안 그 개가 유난히 잘하는 행동들을 눈여겨봤다가 잘하는 행동, 자주 하는 행동을 클리커로 강화시키고 차츰 신호를 붙이면 재미있는 묘기가 될 수도 있습니다.

Lesson 5.

상자 안에 들어가 앉아 있기
'세상에! 개가 생각하는 게 보여요.'

"개가 생각하는 게 보여요! 말없이 대화를 나눈 느낌이에요! 어쩜 좋아! 웬일이야, 웬일~."

끝날 때까지 꾹 참고 있었던 감정들이 한꺼번에 터져 나오면서 온갖 호들갑을 다 떨게 만든 이 레슨은 10분 정도

명이가 세션이 다 끝난 후에도 상자 안에서 나올 줄을 모른다.

한 세션 만에 끝나 버렸다. 자, 과정은 이랬다. 사실 이 책에 나와 있는 상자 행동 부분을 번역하면서 '상자와 상호 작용하게 만드는 게 무슨 의미가 있을까?' 라는 생각을 했었다. 하지만 일단 '앉아', '엎드려' 등을 해 보고 나니 상자 안에 들어가서 앉게 만드는 것 같은 좀 더 복잡한 행동에 도전해 보고 싶어졌다. 빈 상자야 구하기도 쉬우니 일단 해 보기로 결정. 내가 상자를 들고 나타나자 소장님이 질문한다.

"이 상자를 가지고 뭘 할 건가요?"

"개가 상자 안에 들어가서 앉아 있게 하는 거요."

"자, 무슨 행동이든 처음 시작할 때는 자꾸 개가 이길 수 있게 만들어 줘야 해요. 아주 작은 것에도 클릭해 주고 포상을 해 주는 거죠. 차츰차츰 난이도를 높여 가는 거지 처음부터 무리한 걸 요구하면 안 된다는 사실을 기억하고 시작하세요."

소장님의 조언을 새긴 채, 책에 나온 대로 행동형성이란 걸 해 보기 위해 나름대로 전체 과정을 머릿속에 그려 보았다. 조금씩 상자에 가까이 갈수록 클릭하고 그 다음엔 한 발을 넣었을 때, 또 그 다음엔 두 발을 넣었을 때 클릭하고, 결국엔 완전히 들어갔을 때 클릭하는 것이 내가 설계한 과정이었다. 생각대로 잘될지 또 얼마나 시간이 걸릴지 의문이었다.

처음 상자를 소개받은 명이는 상자에는 별 관심이 안 가는지 아니면 내가 더 좋은 건지 계속 내 눈만 바라보고 앉아 있다. 내가 아무 반응을 보이지 않자 '앉았는데 왜 칭찬 안 해?' 하는 것 같다. '그럼 엎드릴까?' 계속 반응이 없자 이번에는 엎드린다. 그래도 클릭 소리가 안 나자 의아하다는 듯 두리번대다 우연히 상자를 쳐다봤다. 이길 수 있는 기회 주기, 빙고! 클릭. 포상.

포상을 받아먹은 명이는 또다시 앉아서 나를 뚫어져라 쳐다보고만 있다. 나도 명이를 쳐다볼 뿐(쳐다본다는 것은 할 말이 있다는 신호) 아무 반응도 보이지 않았다. 결국 지겨워졌는지 명이가 일어나서 가 버리려는데 우연히도 그 방향이 상자 쪽이다. 클릭. 포상. 다시 명이는 내 앞에 앉아 꼼짝 않고 나를 쳐다본다. 나 역시 계속 아이콘택트를 유지하되 클릭은 해 주지 않자 명이의 양 눈썹자리가 번갈아 가며 씰룩댄다. '뭘 어쩌라는 거야?' 생각하는 눈치다. 우연인지 아니면 약간의 의도가 있었는지는 모르겠지만 명이가 자신 없는 걸음걸이로 다시 상자 쪽으로 갔다. 그 순간 클릭, 포상.

"게임을 하고 있다고 생각하시면 돼요. 너무 지루해지면 그만둬 버리겠죠. 게임을 자꾸 이기게 만들어 줘서 자주 클릭과 포상을 해 줘야 개가 계속 재미를 느낄 수 있어요."

몇 번 과정이 반복되자 내 앞에 앉아 있는 대신 상자 쪽으로 자꾸만 갔다. '상자 쪽으로 가면 클릭을 받을 수 있구나!' 정도까지 이해한 것 같았다. 너무 신기해서 자꾸 웃음이 새어 나왔다. 이제는 그저 상자 쪽으로 간 것만으로는 클릭을 하지 않았다. 명이는 '왜 상자 가까이 왔는데 클릭 안 해?'라는 듯 나를 올려다봤다. 나는 아무 말 없이 계속 명이를 쳐다봤다. 상자에 가까이 가는 행동을 더 많이 유도해 내기 위해 상자가 나와 명이 사이에 있도록 내가 위치를 움직여 보기도 했다. 갑자기 명이가 앞발로 상자를 파 밀더니 '원하는 게 이거야?' 하는 표정으로 나를 올려다본다. 세상에! 순간 개가 말을 걸어온 듯한 기분이 들어 나도 모르게 '악' 소리가 나왔다. 일단 상자와 무언가를 한 셈이므로 클릭, 포상.

확실히 '앉기', '엎드리기' 등의 트레이닝 과정들이 밑바탕이 되어서인지 명이의 상황 파악 속도가 빨라졌다. 내게로부터 클릭 소리를 받아 내기 위해서는 자신이 어떤 행동을 해야 하는지 알아내기 위해 계속해서 움직이기 시작한 것이다. 내가 하고 있는 게임의 법칙을 알고 있다는 듯 점점 명이는 상자와 다양한 상호 작용을 하기 시작했고 나는 그때마다 클릭을 해 줬다. 명이는 상자에 가까이 가기, 상자 냄새 맡기, 상자 위에 앞발 딛고 서 있기, 상자 밀기 등을 했고, 한 동작을 너무 능숙하게 반복할 때면 클릭하기를 멈췄다. 그러면 명이는 또 다른 행동을 선보였다. 결국 명이는 상자 안으로 한 발자국쯤 들어갔다. 클릭, 포상.

"보셨어요? 보셨어요?"

"우리 명이가 학습 속도가 아주 빠르네요."

아무리 트레이닝 중에는 쓸데없는 말을 하면 안 된다지만 감탄사가 터져 나오는 것은 막을 수가 없었다. 곧 명이는 두 발을 다 넣었다. 클릭, 포상. 두 발을 다 넣는 행동에 익숙해지자 좀 더 발전된 행동을 기다리며 클릭을 아꼈다. 결국 명이는 상자 안으로 쑥 들어갔고 그 순간 또다시 클릭, 포상. 처음에는 상자가 불안한지 몸을 넣기 무섭게 다시 나왔는데, 몇 번 반복한 후 바로 나오면 클릭을 안 하자 좀 더 오래 머물기 시작했다. 아마도 '앉기', '엎드리기'에서 했던 클릭 늦추기를 이해했기 때문에 가능한 것 같았다. 그렇게 결국 명이는 상자에 들어가서 앉는 데 성공했다. 목표 행동 성공! 클릭, 잭팟!

'내가 어떻게 할까? 이렇게? 이렇게? 아니면 이렇게?' 개가 내 의도를 읽어 내려 애쓰며 생각하는 모습이 훤히 보였고 나와 게임을 하고 있다는 느낌을 떨칠 수가 없었다. 놀라웠다. 아무 말도 없이(말한다 해도 못 알아듣겠지만) 그 어떤 강압적인 힘도 없이 상자 안에 들어가 앉아 있게 만들었다. 그날 밤 잠이 안 올 정도였다. 스키너도 심리 상자 속에서 쥐를 오른쪽으로 빙글빙글 돌게 만들고 비둘기가 빨간 버튼을 쪼게끔 만들었던 순간에 이런 두근거림을 느꼈을까? 제대로 응용만 한다면 얼마든지 더 놀라운 행동들을 만들어 낼 수 있을 것 같다는 생각에 마음이 바빠졌다. 유기견 보호소에 있는 유기견들에게 클리커 트레이닝을 시켜 다양한 행동들을 교육시킬 수 있다면 얼마나 많은 개들이 빨리 새 집을 찾아갈 수 있을까? 개가 말썽이 심하다며 양육을 포기하려는 사람들에게 이 방법을 일러 주면 얼마나 좋을까?

사실 '앉아', '엎드려' 같은 간단한 행동이야 다른 방법으로도 가르칠 수 있겠지만, 클리커 없이 명이를 낯선 상자 안에 들어가 앉아 있게 만들려면 어떻게 해야 했을까? 억지로 밀어넣거나, 혹은 먹이를 잔뜩 넣어서 들어가게 한 뒤 나오지 못하게 앞에서 발을 탕탕 구르며 버티고 서 있거나 아니면 '앉아' 훈련을 미리 시키지 않은 상태라면 그 속에서 엉덩이를 내려 억지로 앉게 시킨다? 보나마나 개는 몸부림치며 상자 밖으로 나오려고 애쓰고 사람은 땀범벅이 되어 한바탕 난리가 날 게 뻔하다. 하지만 클리커 트레이닝으로는 둘 다 말 한 마디 없이 너무 우아하고 간단하게 할 수 있었다. 왜 저자가 상자로 트레이닝을 해 보라 했는지 이해가 됐다. 그녀의 말처럼 전구에 불이 번쩍 들어오듯이 뭔가를 깨달은 것은 개가 아니라 나였다.

더 재미있는 일은 세션이 끝나고 난 후에 벌어졌다. 모두 모여 클리커 트레이닝의 놀라운 결과에 감탄하고 있는 동안 명이는 무얼 하고 있었을까? 계속 상자 안에 들어가 앉아서 나를 쳐다보고 있었다! 너무 깊숙이 쏙 들어가 보이지도 않을 정도였다.

'이봐! 나 여기 안에 앉아 있어! 클릭해 줘, 응?'

아 참, 이 훈련은 '크레이트에 들어가기'로 연결지을 수 있는데, 크레이트를 처음 본 명이는 의례적인 탐색 후 당연하다는 듯 그 안으로 들어간 뒤 나를 쳐다봤다. 클릭, 잭팟! 그리고 다음날, 그 다음날에도 명이는 상자를 보자마자 그 안으로 들어가 앉아서 나를 쳐다봤다. 빨리 시작하자는 듯.

권소장님 팁

- 트레이닝을 시작할 때는 먼저 계획을 세워야 합니다. 미팅을 통해서 다른 사람과 그 과정을 이야기해 보는 것도 좋습니다. 아무튼 무얼 할지 정확하게 머릿속에 그리고 있어야 합니다. 특히 처음이라면 양손은 어떻게 사용하고 움직일 것인지, 개의 어떤 행동을 클릭할 것인지, 그 행동을 유도해 내기 위해서 어떻게 할 것인지 등 세세하게 생각해 둬야 합니다. 내가 개에게 알려 주고 싶은 것이 무엇인지 목표를 정확히 세우고 그 목표를 이루기 위해서는 어떤 과정을 거쳐야 하는지 미리 정확한 계획을 세워야 합니다. 그렇지 않으면 개에게 혼란을 줄 뿐이고 훈련 성과도 없습니다.

- 클리커는 사실 교육이 다 끝나면 더 이상 쓸 일이 없습니다. 클리커는 어떤 행동을 처음 배울 때만 필요한 도구입니다. 결국 클릭과 포상을 없애는 것이 우리의 최종 목표입니다. 평생 클리커와 포상을 주며 살 수는 없으니까요. 어떤 행동에 완전히 익숙해졌다 싶으면 그 행동에 관한 한 클릭과 포상을 간헐적으로 불규칙하게 주기 시작하세요. 차츰차츰 줄여 나가다 보면 결국엔 없앨 수 있습니다. 게다가 개는 언제 포상이 오는지 몰라야 계속 열심히 합니다.

Lesson 6.

행동에 신호 붙이기
개보다 앞서 있어야 한다는 말의 의미를 깨닫다

개인적으로 가장 힘들었던 레슨이다(개가 아니라 내가). 어느 정도 몸의 움직임에 익숙해지고 제법 성과도 거둬 자신감을 얻자 행동에 신호를 붙이고 싶어졌다.

"소장님, 개들이 각 동작들을 잘하긴 하지만 제가 원할 때 그렇게 하도록 만들려면 신호가 필요하잖아요. 그건 언제 하나요?"

나의 수신호에 엎드려 있는 멍이

"일단 '앉아'라는 말은 개에게는 아무 의미 없는 소리예요(러시아어를 전혀 모르는데 러시아 사람이 우리를 바라보며 앉으라고 말한다고 상상해 보자). 그러니 처음부터 앉으라고 말해 봐야 아무 소용없어요. 행동이 90퍼센트 정도 확실해지고 나면 그때부터 동물이 그 행동을 하는 순간에 지시어나 수신호를 붙여 주면 됩니다."

멍이와 둥둥이는 이미 '앉기', '엎드리기', '기다리기' 등을 할 수 있었기 때문에 신호를 붙여 주기만 하면 됐다. 학자들의 연구 결과, 개는 사람의 목소리보다는 수신호나 몸짓 신호에 더 정확하게 반응하는 것으로 밝혀졌다. 그래서 수신호를 먼저 붙여 보기로 했다.

먼저 '앉기'에 신호 붙이기. 정말 머리가 나쁜 건가? 매우 간단할 것이라 생각했는데 또다시 손이 제멋대로 움직이기 시작했다. 앉는 순간을 포착하기 위해 개의 행동을 관찰하고 있어야 하고 그 행동을 하려는 순간 수신호도 줘야 하고 클릭도 해야 하며 바로 포상도 줘야 한다. 할 일이 그저 한 가지 추가되었을 뿐인데 전부 엉망이 되었다. 자꾸 틀려서 창피하니 말도 중얼중얼 많아졌다. '앗, 놓쳤네, 미안, 미안. 내가 틀렸네, 아, 또 못 했네.' 등등. 지켜보던 소장님이 한 말씀 하신다.

"트레이닝 중에 쓸데없이 말을 많이 하는 것은 안 좋아요. 괜히 개를 혼란스럽게 만듭니다. 지시어나 '잘했어' 외에 다른 말은 하지 마세요. 또 어떤 사람들은 몸을 쓸데없이 많이 움직여서 개를 혼란스럽게 하기도 해요. 괜히 다리를 건들거리거나 팔을 휘젓거나 고개를 까딱이면서 말이지요. 개들은 이런 말이나 행동 모두를 의미 있는 것으로 생각할 수 있기 때문에 주의해야 합니다."

안 그래도 혼란스러운데 '말하지 않기'라는 규칙이 하나 더 추가되자 머릿속이 까맣게 타 버리는 것 같았다. 계속 클릭 순간도 놓치고 신호를 줄 순간도 놓치고 엉망진창이었다. 사람도 이런데, 개는 우리가 요구하는 것들을 해내느라 얼마나 헷갈리고 정신없을까. 낯선 것을 처음 배울 때 개의 기분이 어떨지 이해할 수 있을 것 같았다. 이러다 개한테 혼란만 주고 그동안의 성과들마저 도루묵이 될까 불안해졌다. 방법은 하나였다. 세션 끝내기!

결국 한참을 쉬며 내 행동을 하나하나 머릿속으로 그려 전체 과정을 정리한 후 다시 세션을 시작했다. 그러자 명이도 잘 따라왔고, 결국 수신호에 '앉기' 성공! 내가 먼저 공부해야 하고 개보다 앞서 있어야 한다는 말이 무슨 의미인지 확실히 깨달은 순간이었다. 트레이닝 과정을 리드하고 있다는 확신이 서지 않으면 세션을 끝내고 쉬면서 생각해야 한다. 저자의 말이 정확했다.

"세션 동안에 생각하는 것은 개지만, 쉬는 동안 생각하는 것은 사람이어야 한다!"

'엎드려'도 마찬가지. 엎드리는 순간 수신호를 주길 되풀이한 끝에 내가 원하는 순간 '엎드려'를 시킬 수 있게 되었다.

"우와아~, 천재 강아지! 너무 잘했어~."

감탄사가 절로 터져 나왔다. 이제는 클릭과 포상 없이 몇 번씩 연이어 '앉아', '엎드려'를 반복해 보았다. 그래도 아주 훌륭하게 잘했다. 클릭, 포상! 수신호만으로 '엎드려'에서 '앉아', '앉아'에서 '엎드려' 성공! 침묵 속에서 손짓만으로 개의 움직임을 유도할 수 있다는 건 정말 너무 근사한 일이었다. 그 첫 순간의 성취감이란. 나야말로 잭팟을 맞은 기분이랄까?

한편, 잘하던 명이가 내가 우왕좌왕하는 일이 반복되자 흥미로운 반응을 보였다. 갑자기 꼼짝도 않는 것이었다. 나를 빤히 쳐다보고 있으면서도 내가 서너 번 이상씩 신호를 주어도 꼼짝도 안 했다. '지금 뭐 하는 거니?' 하는 눈빛 같기도 하고 그야말로 개한테 무시당하는 게 이런 거구나 싶었다. 그러다가 소장님이 나타나 수신호를 주면 순식간에 다시 모범생으로 돌아왔다. 그만큼 사람의 행동이 중요했다. '정말이지 개는 아무 잘못이 없구나, 결국 모든 것은 사람 탓이구나.'라는 생각이 들었다. 왜 개들이 전문 트레이너들 앞에서는 제대로 행동하면서 집에만 돌아오면 다시 제멋대로 구는지도 명쾌하게 설명되는 순간이었다.

"집에서 어떤 식구가 개가 자기만 차별한다고 느끼게 되는 이유기도 해요. 식구들마다의 행동 습관을 개가 이미 잘 파악했기 때문이지요. 무시해서가 아니라 그 사람의 신호가 혼란스럽기 때문이기 쉬워요."

"정말이지 개는 아-무 잘못 없고 무조건 그 주변에 있는 사람 잘못인 것 같아요."

"그걸 깨달으셨다면 앞으로 더 잘하실 거예요."

한편 수신호가 익숙해지자 수신호를 줄 때 '앉아', '엎드려', '기다려' 같이 음성 신호도 함께 붙였다. 즉, 개가 앉을 때 수신호와 음성 신호와 클릭을 동시에 했다. 익숙해지면 수신호를 빼고 음성 신호만 줬다. 이것 역시 또 한 가지 할 일을 추가하는 데 익숙해져야 하는 내가 문제였지, 명이는 오래 걸리지 않아 음성 신호에도 올바른 반응을 보였다. 둥둥이의 경우에는 아예 동작을 할 때 수신호와 음성 신호를 함께 주면서 '앉아', '엎드려', '기다려'를 해 보았다. 안정적으로 하려면 시간이 더 필요하긴 했지만 일단은 곧잘 하는 수준에까지 이르렀다.

"이제 어느 정도 진행이 되면 동작 해제하는 것까지 해 주셔야 해요. '움직여도 돼'라는 의미로 '오케이!'라고 말씀하시면 돼요."

예를 들어 '엎드려' 지시어를 내렸다면 적절한 순간에 '이젠 움직여도 돼'에 해당하는 '오케이'라는 말만 해 주면 되는 일이었다.

"으악, 소장님, 저 정말 머릿속이 터질 것 같아요. 제가 쉬어야 할 것 같아요."

머릿속에 까맣게 탄 라면 면발이 가득 찬 기분. 아무튼 이 '오케이' 신호는 대개 내가 움직이면 개도 함께 움직였기 때문에 그 시점을 노려서 제시했다.

"그런데 소장님, '오케이.' 라고 말하기 전에 개가 움직일 때는 어떡해요?"

"움직이려고 하는 찰나에 "안 돼." 또는 "아!" 하는 소리를 내 주면 돼요. 이때는 목소리 톤을 낮고 단호하게 딱 잘라서 하셔야 해요."

아아, 정말 용량 초과. 그래도 머릿속으로 순서도를 그려가며 연습하니 결국은 다 되더라는. 여러분도 건승하시길.

참, 세션을 촬영해 둔 화면을 보다가 느낀 점인데, 내가 봐도 내가 하는 짓이 답답해 속이 터질 지경인데 지켜보는 소장님은 늘 웃는 얼굴에 언성 한 번 높이질 않았다. 십수 년간 개와 함께 일하면서 쌓아 온 내공이 고스란히 드러나는 게 아닐까? 첫 수업 시간에 소장님이 하신 말씀이 기억난다.

"개를 가르칠 때 제일 필요한 게 뭔 줄 아세요? 기다림과 참을성이에요."

권소장님 팁

- 처음 그 행동을 유도할 때 사용했던 동작을 신호로 활용할 수도 있고, 아니면 나중에 적절한 신호를 붙일 수도 있습니다. 일단 행동이 90% 확실해지면 그때 행동에 지시 신호를 붙여야 개도 혼란스럽지 않습니다. 일단 "앉아." 라는 말은 개에게는 아무 의미도 없는 말입니다. 처음부터 "앉아." 라고 말해 봐야 아무 소용없지요. 게다가 사실 "앉아." 라는 말은 사람에 따라, 같은 사람이라 해도 기분에 따라 목소리 톤, 어조, 억양 등이 미묘하게 달라집니다. 사람의 언어를 잘 모르는 개에게는 어쩌면 모두 다른 소리로 들릴지도 모릅니다. 그래서 개들은 음성 신호보다는 몸짓 신호에 더 빠르게 반응하고 배우는데 클리커는 항상 소리가 동일하기 때문에 개들이 빠르게 학습할 수 있습니다. 또 지시어를 말할 때는 음성, 톤을 항상 똑같이 일관성 있게 유지하는 게 좋습니다.

- '앉아' 라는 신호를 줬는데 말을 듣지 않으면 속으로 '하나, 둘, 셋' 을 천천히 센 뒤 다시 앉으라는 신호를 줍니다. 말을 안 듣는다고 급한 마음에 '앉아 앉아 앉아' 라고 연이어 신호를 주면 결국 개를 '앉아' 가 아니라 '앉아 앉아 앉아' 에 앉게 만드는 꼴이 됩니다. 또 '앉아' 하고 나서 하나, 둘 셋, 정도를 하고 나서 '엎드려' 를 해야 합니다. 아니면 '앉아 엎드려' 를 하나로 받아들일 수 있습니다.

- 우리도 그렇듯이 너무 진도를 후다닥 나가면 개가 당장은 잘하는 것처럼 보일지 몰라도 시실은 정확히 모를 수 있습니다. 개도 머릿속이 혼란스러우면 그게 표정이나 몸짓으로 드러나는데 주로 헥헥대거나 몸 또는 꼬리를 흔드는 것 등을 보면 개가 스트레스를 받는 갈등 상태에 있다는 것을 알 수 있습니다.

Lesson 7.

기다려, 먹어~
작은 움직임과 동작들이 모여 목표 행동이 된다

오래전 우리 집 개는 사료 포대 부스럭대는 소리가 들리면 텔레포트 수준으로 찬장 앞에 나타나 투명 덤블링이라도 타는 듯 쉬지 않고 뛰어오르며(밥그릇이 놓여 있는 찬장 위를 보려고) 흥분 상태에 빠지곤 했다. 누가 보면 굶기는 줄로 오해하기 딱 좋았다. 바닥에 내

내가 자기 주변을 돌아다니고 있는데도 명이가 앉은 자세를 유지하며 아이콘택트를 하고 있다.

려놓기도 전에 밥그릇 '공격'으로 사료 알갱이가 온 집안 구석구석으로 발사된 적이 한두 번이 아니었다. 덕분에 소리도 많이 질렀고 그때마다 얌전히 기다리게 만들 수 있으면 얼마나 좋을까 생각했던 기억도 난다. 저 세상으로 떠난 지 10년이 더 지난 지금에야 그 방법을 알게 되다니 기분이 좀 그렇다. 그땐 충분히 사랑해 주고 있다 자신했었는데 이런 간단한 것을 가르쳐 줄 노력조차 안 해 놓고 왜 자꾸 말썽 부리냐며 소리만 질러 댔으니 말이다.

아무튼 앞에서 개가 앉거나 엎드리는 행동에 익숙해지고 나면 약간씩 클릭을 늦춰 그 행동을 유지시켰다고 했다. 명이도 둥둥이도 10-20초쯤 그 자세를 유지하면서 아이콘택트하는 것쯤이야 식은 죽 먹기라는 듯 간단히 해내고 있었다. 이번 레슨의 목표는 내가 자유롭게 움직여도 심지어 눈앞에 먹이가 잔뜩 든 밥그릇이 있어도 기다리게 만드는 것이었다. 처음부터 해내길 바라는 것은 당연히 무리고, 여러 단계로 잘게 쪼개어 최종 목표 행동에 근접해 나가는 행동을 할

때마다 클릭과 포상으로 강화해 나가는 것이야말로 가장 빠른 지름길일 터였다.

일단 명이가 '앉아' 또는 '엎드려'를 하면 정지를 의미하는 수신호로 손바닥을 세워 보이며 계속 아이콘택트를 유지했다. 가만히 잘 있으면 클릭, 포상. 움직이려 하면 "안 돼." 혹은 "아!"라고 단호하게 말하거나 그래도 움직이면 클릭하지 않으면 그만이었다. 잘 기다리는 것 같자 조금씩 발걸음을 떼어 봤다. 처음에는 내가 발을 떼자마자 같이 일어나 버렸지만 차츰 클릭 소리를 받기 위해 기다리는 자세를 유지했다. 내가 움직여도 명이가 '기다려' 자세를 유지하면 그때마다 클릭. 더 기다리면 또 클릭. (어느 순간부터 잘하면 클릭은 항상 주되 포상은 적당히 건너뛰면서 간헐적으로 주었다.)

조금씩 거리를 늘려 나가자, 결국 명이는 내가 약 2미터 밖으로 물러나도 기다리기를 유지했고 1/4바퀴 정도 자기 주변을 돌아도 문제없었다. 하지만 잘한다 싶어 조금 무리하게 진도를 나가면 금세 몸을 일으켜 움직이곤 했다. 트레이닝에서 성급함은 절대 금물이란 교훈! 결국은 명이를 가운데 놓고 한 바퀴 빙 돌아도 제자리를 지키며 시선만 나를 따르게 하는 것 성공. 심지어 다리 사이에 개를 두고 서 있어도! 야호!

"소장님, 개들이 원래 천재인가 봐요. 어떻게 이런 것들이 가능하죠? 제가 전문 애견 트레이너도 아닌데 말이에요. 저 이러다가 트레이너 데뷔하는 거 아닐까요?"

온갖 호들갑을 떠는 내 모습에 소장님이 웃으신다.

"이런 기본적인 것들은 누구든지 조금만 배우면 다 하실 수 있어요. 이제는 먹이를 보고도 신호에 따라 기다리게 하는 것까지 한번 해 보세요."

먼저 '앉아', '기다려'를 시킨 후 포상이 들어 있는 밥그릇을 바닥에 내려놓았다. 물론 처음에는 내가 밥그릇을 잡기만 해도 일어나서 뛰어왔지만 그럴 때면 재빨리 밥그릇을 치워 버렸고 클릭도 해 주지 않았다. 손바닥을 세워 보이며 "기다려."라고 말한 뒤 조금씩 천천히 움직이자 금방 내 의도를 이해했다. '아하,

기다리면 클릭 소리가 들린 후 밥그릇 안의 먹이를 먹을 수 있고, 기다리지 않으면 클릭 소리도 없고 밥그릇도 통째로 사라지는구나.' 기특해라! 내 눈과 바닥에 놓인 밥그릇을 번갈아 가며 쳐다보던 명이는 내가 기다리라는 의미의 수신호를 치우며 "먹어!"라고 말하고 나서야 밥그릇 앞으로 뛰어왔다. 이렇게 빨리 배우다니. 명이의 학습 속도가 점점 빨라지고 있는 것 같았다. 다음에는 뭘 가르쳐 줘야 하나 고민이 될 지경이었다.

한 가지 또 기억에 남는 점은 동영상 속 내 모습을 보고 놀랐던 일이다. 대체적으로 내 움직임은 참 뻣뻣해서 내가 만약 개였다면 저렇게 온몸을 깁스한 듯 어색하게 움직이는 사람을 보면 겁이 나서 얼어 버렸겠다 싶을 정도였는데 특히 기다리기 행동을 형성해 나갈 때가 최악이었다. 조금씩 움직인다는 것이 어찌나 고장난 로봇처럼 인위적으로 움직이던지. 겁먹지 않고 트레이닝 과정을 견뎌 준 명이에게 고맙다. 독자 여러분도 개 앞에서 자신이 어떻게 행동하는지 그 모습을 꼭 녹화해서 확인해 보시길. 틀림없이 트레이닝 과정에 큰 도움이 될 것이다.

권소장님 팁

훌륭한 트레이너가 되기 위해서는 특정 행동을 이끌어 내기 위해 즉, 개 스스로 그렇게 하게끔 만들기 위해 내가 무엇을 해야 할지를 효율적으로 설계할 줄 알아야 합니다. 그 행동형성 설계 실력에 따라 트레이너의 자질이 좌우된다고 해도 과언이 아닙니다. 그만큼 트레이닝에 앞서 생각을 많이 해 둬야 합니다.

Lesson 8.

목줄하고 힐링까지
계속 공부하고 싶어 하는 녀석들

명이가 힐링을 하며 아이콘택트를 하고 있다.

공원에 나와 산책 중인 개들을 구경하다 보면 목을 캑캑대면서까지 줄을 당기고 있는 녀석들을 많이 보게 된다. 그 줄의 반대쪽 끝에 있는 사람들은 개에게 끌려가지 않으려고 몸을 뒤로 잔뜩 기울이고 있다. 아무리 그래 봤자 결국 개한테 끌려가는 것으로 보이지만 말이다. 만약 이 개들이 목줄 없이 밖에 나왔다면 어떤 상황이 벌어질지는 뻔하다. 얌전하게 발 옆에서 주인과 보조를 맞춰 나란히 걷는 것을 힐링heeling이라고 하는데 트레이너에 따라 다양한 방법으로 교육시킬 수 있겠지만 나는 소장님이 알려 주신 방법으로 시도해 보았다. 일단 크게 원을 그리며 걷는 것이 그 방법이고 세부 규칙은 두 가지였다. 원을 돌며 걷다가 1. 개가 옆에 왔을 때 클릭하고 포상을 바닥에 떨어뜨린다. 2. 아이콘택트를 했을 때 클릭하고 포상을 떨어뜨린다.

"포상 주기가 훈련의 반이라 해도 과언이 아닌데요, 우리 처음 클릭하고 포상 주기 할 때 바닥에 포상을 떨어뜨려 주는 것 연습했지요? 이제 그 연습을 써먹을 때가 왔네요. 사실 포상은 어디서 왔는지 모르게 주는 것이 가장 좋습니다. 그래야 포상이 나오는 곳을 바라보며 목을 매지 않으니까요. 이 방법을 쓸 때는 바닥이 깨끗해야 한다는 것도 기억해 두세요."

처음에는 일단 내가 움직이니까 명이도 따라오며 움직이긴 했는데, 늘 나보다 앞서 가며 뒤돌아보는 모양새였다. 때론 기다려 주기도 하면서 말이다. 게다가 거리도 꽤 멀었다.

"이럴 때 제가 조금 빨리 걸을까요?"

"사람은 아쉬울 게 없어요. 개가 나를 따라오게 만드는 거지 내가 개한테 보조를 맞춰 줄 필요가 없어요. 내가 원하는 대로 행동하지 않으면 클릭과 포상을 안 주면 됩니다."

그렇게 몇 바퀴 돌다가 우연히 명이가 내 발과 나란히 서게 되는 순간이나 혹은 가까이에서 보조를 맞춰 걷는 순간에 클릭하고 포상 주기를 여러 번 하자 결국 명이는 내 발 옆 30센티미터 가까이에서 걷기 시작했고 그때부터는 아이콘택트를 할 때도 클릭했다. 곧 명이는 '아, 사람 다리 옆에 가까이 가면 클릭을 받을 수 있구나.' 라는 규칙을 알아차렸다. 목줄 없는 상태에서 따라 걷기 성공! 원을 그리며 도는 방향을 바꾸어도 마찬가지였다. 쩝, 너무 쉽다.

"소장님, 명이가 특별히 똑똑한 개여서 전부 다 잘하는 게 아닐까요?"

"시간 차이가 조금씩 있겠지만 모든 개들이 다 이렇게 할 수 있어요."

힐링이 완벽해지자 목줄을 착용해 보았다.

"이렇게 목줄을 잘 받아들인 것에도 클릭하고 포상해 주세요. 처음부터 강압적으로 목줄을 채워 억지로 잡아당기게 되면 목줄에 대한 두려움, 혐오감이 생기기 쉽고, 그럴 경우 힐링을 가르치기 어려울 수도 있어요."

목줄을 채우면 발버둥 치거나 싫어할 것이라는 예상과 달리 명이는 목줄이 있건 없건 상관없다는 듯 앞의 과정을 똑같이 해냈다. 계속 원을 그리며 도느라 나중에는 살짝 어지럽기도 했지만 결과는 놀라웠다. 명이는 점점 더 내 다리 쪽으로 붙어서 걸었고 조금만 더 하면 아예 내 발목에 찰싹 붙어 버릴 것 같은 기세였다.

이제는 둥둥이 차례. 목줄 없는 상태에서 내가 원을 그리며 돌기 시작하자 둥둥이는 포상 가방 때문인지 처음부터 다리 옆에서 너무 잘 따라왔고 그때마다 열심히 클릭, 포상을 해 줬다. 한편 이제 그만 쉬라고 내보내 준 멍이는 언제 다시 돌아왔는지 둥둥이와 함께 나를 따르느라 눈이 반짝반짝 빛난다. 이렇게 공부에 열정적일 수 있다니! 둘이 서로 내 발 옆자리를 차지하고 내 눈빛을 얻으려고 경쟁적으로 움직였다. 결국 멍이를 이레저레 꼬드겨 겨우 교실 밖으로 내보내고 나서야 둥둥이에게만 집중할 수 있었는데 둥둥이는 보는 사람들의 기분까지 상쾌하게 만들 만큼 가볍고 경쾌한 힐링을 선보였다. 다만 계속 나를 올려다보기가 힘들었는지 자꾸 앉으려는 듯한 자세로 걷긴 했지만 말이다. 힐링에 있어서는 둥둥이가 멍이보다 훨씬 더 빨리 해낸 것 같았다. 이러다 서로 발이 엉겨 넘어지는 건 아닐까 걱정이 될 정도로 가까이에서 걸었다. 물론 유혹 요소가 더 많은 야외에 나가서까지 진행해 보지는 못했지만 지금까지의 결과대로라면 그 또한 문제없이 해낼 수 있을 것이라 믿는다.

열심히 생각해서 자기가 어떤 행동을 해야 하는지를 자발적으로 결정하고 그 행동의 결과에 따라 또다시 자기 행동을 조절해 나가는 개들의 모습이 꽤나 감동적이었다. 저렇게 똑똑한 녀석들이 이런 기회를 얻지 못해 멍청한 동물로만 인식되고 있는 현실도 가슴 아팠다.

몇 해 전, 세계적으로 유명한 교토대학교 영장류 센터를 방문한 적이 있었는데 그곳에서는 컴퓨터를 사용해 침팬지들의 인지 능력을 연구하고 있었다. 국내 방송에서도 여러 번 소개되었던 아이와 아유무 등 이곳의 침팬지들은 컴퓨터 사용법을 익혔다. 예를 들어, 터치스크린 방식의 컴퓨터 화면에 숫자가 1-9까지 무작위로 쫙 뿌려진 후 1초 만에 하얀 카드로 덮인다. 그러면 침팬지가 그 숫자의 위치를 기억해 내림차순 혹은 오름차순으로 카드를 누른다. 정답을 맞히면 차임벨이 울리며 과일 조각이 나오고 틀리면 삐 소리만 난다. 침팬지들은 거의 백전백승이지만 이 과정을 해낸 인간은 그 연구실의 석·박사들을 포함해 지금껏 단한 명도 없었다고 한다. (이제 보니 그 시스템도 클리커 트레이닝과 마찬가지로 정적 강화를 통한 학습 방법을 사용하고 있었던 것 같다. 왜 그곳의 침팬지들이 수업 시간을 애타게 기다리며 실험실로 들어가려고 애썼는지도, 아무런 강제적인 요소 없이도 스스로 그 실험에 참여했는지 의문점이 해결되었다. 그 실험실의 거대한 야외 방사장에는 늘 각종 먹이와 장난감이 가득했고 오르내릴 수 있는 수십 미터 높이의 타워와 수풀림도 있었는데 말이다.) 그 연구를 주도하고 있는 마츠자와 데츠로 박사님의 말씀이 떠올랐다.

"과학은 증명해 보일 수 있는 것만 진짜라고 생각한다. 증명할 수 없기 때문에 동물은 지능도 마음도 인지 능력도 없다고 생각해 왔던 것이 사실이다. 아직 우리 인간에게는 동물의 인지 능력, 지능, 마음 같은 것들을 증명해 낼 수 있는 능력이 턱없이 부족하다. 즉, 무능한 것은 그들이 아니라 우리다. 앞으로 동물의 정신세계를 증명해 낼 만한 방법을 고안하고 디자인하는 것이 우리가 할 일이다."

개인적으로 존경해 마지않는 박사님의 말씀처럼 개에 대해서도 마찬가지가 아닌가 싶다. 우리 생각보다 훨씬 더 지적이고 뛰어난 동물이지만 우리가 그 사실을 발견할 능력이 부족해서 아직도 '한낱 개'라며 무시하고 있는 건 아닐까? 클리커 트레이닝을 통해 그들의 놀라운 능력들이 더 많이 발견되었으면 한다.

권소장님 팁

성격이 급한 사람은 빨리 못한다고 화를 내거나 빨리 끝내려고 개에게 보조를 맞추기도 하는데 이는 잘못된 방법입니다. 내가 개의 행동에 맞춰 주면 개는 나를 그런 존재로 여기게 됩니다. 동물을 훈련시킬 때는 늘 차분한 태도로 참을성을 가지고 임해야 합니다. 시간을 가지고 천천히 하나씩 하나씩 해 나간다는 마음가짐이 없으면 안 시키느니만 못한 결과를 가져올 수 있습니다. 개에게 시간을 주고 기다려 주는 자세가 꼭 필요합니다. 처음엔 다소 시간이 걸려 답답할 수도 있지만 그래야 매사에 의욕적으로 참여하는 자신감 있는 개로 만들 수 있습니다.

Lesson 9.
그 외 바람직한 행동을 할 때마다 수시로 클릭하기
이름 부르면 오기

그 외에 이름을 불러 왔을 때나 목줄을 잘 받아들였을 때에도 수시로 클릭하고 포상을 줬다. 교육시켜야겠다는 마음이 있을 때는 늘 클리커를 들고 개의 행동을 주시하고 있다가 좋은 행동을 할 때 클릭할 필요가 있다는 생각이 들었다.

이름을 부르자 쏜살같이 달려오는 명이

처음엔 좀 번거로울지 몰라도 평생 편해지는 길이다. 나도 편하고 개도 편하고. 예를 들어 트레이닝 중간중간에 개의 이름을 불러 내 앞에 왔을 때마다 클릭하고 포상을 해 줬다(늘 클리커를 고무줄로 이어 손목에 끼고 있었기 때문에 별 문제 없었다).

처음에는 이름을 불렀을 때 멀리서 나를 쳐다만 봐도 클릭했고, 그 다음에는 내 쪽으로 출발했을 때, 나중에는 내 앞에 도착했을 때 클릭하고 포상했다. 결국 멀리서 들려오는 과자 봉지 뜯는 소리에 뛰어가다가도 "명아." 하고 부르면 내게로 뛰어왔다. 아직까지 다람쥐로 가득 찬 공원에 나가서 '이름 부르기'는 안 해 봤지만 말이다(누군가가 도전해 보시고 꼭 그 결과를 공유해 주시길). 그 외에도 바람직하다고 생각되는 행동에는 모두 클릭할 수 있다. 밥 달라고 펄쩍펄쩍 점프하지 않고 얌전히 네 발을 땅에 붙이고 기다릴 때, 공을 내게 다시 돌려줄 때, 소파 아래로 내려올 때 등이 있을 수 있겠다.

타겟 트레이닝

이건 뭐 너무 쉬워서 별 다른 설명도 필요 없을 것 같다. 처음에는 타겟 끝에 코를 대면 클릭, 포상. 익숙해지면 코를 댔을 때 바로 주지 않고 시간을 좀 끈다. 즉, 유지하기다. 여기까지 되자 타겟 막대를 이용해 의자 사이로 통과하기, 의자 돌기, 의자 위로 올라가

새까만 발로 소파 위에 올라가 천진난만하게 발도장을 찍고 있는 명이가 타겟 막대를 보자 의자에서 뛰어내리고 있다.

기, 내려가기가 모두가 가능했다. 일어서서 버티기까지도. 다만 명이의 경우 너무 높은 의자는 다리가 짧아 무리였지만 말이다.

타겟 트레이닝이 없었다면 소파에 올라간 개를 내려오게 할 때 어떤 방법을 쓸 수 있을까? 매번 개를 손으로 안아서 내리거나 뭔가로 쫓아 버리거나 아니면 "내려가! 안 내려가?"라고 험악하게 소리 지르기쯤이 있지 않을까?

아참, 한 가지 더. 너무 거칠게 포상을 받아먹는 자세를 고치기 위해 일단 손을 삼키려 하거나 거칠게 대하지 않고 얌전히 타겟할 때 클릭하고 먹이를 주었다(모든 트레이닝 과정에 추가된 행동이었는데, 처음엔 이 또한 너무 헷갈려서 일종의 이미지 맵을 머릿속에 수차례 그려 보는 방법을 통해 익숙해졌다). 즉 포상을 주기 전에 한 가지 동작이 더 추가되었다고 생각하면 된다. 클릭 후 바로 포상을 주지 않고 주먹을 타게팅하게 한 뒤 올바르게 하면 그 순간 한 번 더 클릭한 뒤 포상을 주는 것이다. 반대로 손을 거칠게 대하면 클릭도 포상도 없다. 결국 먹이를 얌전히 받아먹게 만드는 것도 성공!

세션 그만두기

사실 개가 가장 흥미로워하는 순간에 그만두라고 나오는데 그러기가 쉽지 않았다. 개들이 워낙 적극적이기도 했고, 어떤 행동을 처음 해냈을 때 몇 번만 더 확인해 보고 싶은 유혹을 떨치기도 정말 힘들었다. 또 집중하다 보니 시간 가는 줄 모르기도 했다. 하지만 적어도 개가 흥미를 잃기 전에 그만두긴 했다. 일단 명이와 둥둥이는 클리커 트레이닝이라는 게임의 법칙을 이해하자 아주 자발적인 자세로 동참했고 세션이 끝난 후에도 틈만 나면 내 앞에서 앉거나 엎드리거나 따라다니며 공부를 계속 하고 싶어 했다. 수족관에서 에너지 넘치는 쇼를 펼치는 돌고래들처럼 열정이 넘쳤다. 오히려 너무 혼란스러운 내 머리를 식히기 위해 그만둔 경우가 훨씬 더 많았던 것 같다. 여러분은 세션은 짧게 짧게 하고, 가장 흥미로워하는 순간에 그만두라는 규칙을 꼭 지키시길.

권소장님 팁

- 클리커보다 타겟을 이용하면 정말 많은 행동을 유도할 수 있습니다. 아주 유용한 훈련법이지요. 언제 어디서나 쉽게 쓸 수 있는 주먹을 타겟으로 사용하는 것도 좋습니다. 주먹 안에 포상을 넣고 주먹을 타겟하면 클릭하고 손을 펼쳐 먹게 하면 됩니다. 차츰차츰 포상은 줄여 나갈 수 있습니다.

- 언제 세션을 그만둬야 하는지 잘 모르는 사람들이 많습니다. 한마디로 개가 아주 즐거워서 눈이 초롱초롱할 때 그만두면 됩니다. 다음 시간을 고대하게끔 말입니다. 클리커 트레이닝은 늘 즐거운 시간이 되게 해야 합니다. 하루 만에 끝내야지, 오늘은 될 때까지 계속 하겠어 등의 욕심은 금물!

이렇게 정확하게 개와 의사소통하는 법을 알게 된 이상, 계획만 잘 세운다면 무슨 행동이든 하게 할 수도 못 하게 할 수도 있을 것 같다. 멋지게 개와 함께 춤추는 힐웍투 뮤직에 도전해 보고 싶다는 욕심도 생긴다. 유기견들을 교육시켜 입양을 도와주고 싶다는 생각도 들고 훈련에 대해 부정적인 시선을 지우는 데 보탬이 되고 싶다는 생각도 든다. 사실 많은 사람들이 '훈련' 하면 강압적이고 가혹하게 개를 다루는 장면을 떠올리게 되는 것 같다. 나 역시 커다란 개들이 이빨을 드러내며 달려가 건장한 남자의 팔뚝(안전을 위해 뭔가를 잔뜩 두른)을 물고 늘어지는 장면 같은 것들이 먼저 떠오르니 말이다(그래서 이 책에서 훈련보다는 주로 교육이나 트레이닝이라는 용어로 바꾸어 번역했다). 누군가를 공격하게 만들거나 묘기를 가르치자는 이야기가 아니다. '앉아', '엎드려', '기다려' 같은 기본 교육은 꼭 필요하다. 간혹 개한테 스트레스를 준다고 생각해 아무것도 안 가르치겠다는 분들이 있는데 이런 기본적인 지시어를 이해하게끔 가르치는 것은 개와 양육자 간의 신뢰감을 쌓는 데도 큰 도움이 될 뿐더러 무엇보다 개의 안전을 위해서 또 인간의 세상 속에서 타인과 더불어 살기 위한 일종의 예의범절 차원에서도 반드시 필요하다. 클리커 트레이닝이 개와 함께하는 보다 행복한 세상을 이루는 데 보탬이 되길 바래 본다.

마지막으로 아마 개들끼리 길에서 마주쳐 서로 수다를 떤다면 이런 이야기가 오갈지도 모르겠다는 재미있는 상상을 해 보며 클리커 트레이닝 일기를 마친다.

"난 요즘 우리 '사람'이랑 말이 통해서 아주 속이 다 후련해 죽겠어. 진작부터 그랬으면 좀 좋아? 오해할 일도 없고 말야. 그나저나 너희 '사람'은 클리커 쓰니?"

"아니, 아직이야."

"이런, 정말 안됐다. 너도 참 갑갑하겠다."

"휴.. 그러게 말이야."

동물과 함께하는
페티앙북스

2001년부터 반려 동물 전문지 '페티앙'을 출간해 오던 페티앙이 2010년 페티앙북스로 그 이름을 바꾸고 단행본 전문 출판사로 거듭났습니다. 우리 생활 속의 반려 동물은 물론 지구별에 살고 있는 모든 동물에 대한 이야기들을 따뜻한 시선으로 소개하겠습니다. 페티앙북스는 '동물' 과 관련된 멋진 기획안과 원고를 기다리고 있습니다. petianbooks@gmail.com으로 원고를 보내 주세요.

개를 춤추게 하는
클리커 트레이닝
처음 만나는 클리커 트레이닝 · 개와 사람이 함께 배우다

1판 1쇄 발행 2012.3.12
1판 7쇄 발행 2017.2.1

지은이 | 카렌 프라이어
옮긴이 | 김소희
발행인 | 김소희
발행처 | 페티앙북스
편집고문 | 박현종
디자인고문 | 이영아
디자인 | DESIGN SSAM
교정 · 교열 | 정재은
사진촬영 | 강성철
클리커 트레이닝 지도 | 권경일
장소협찬 | 페티앙캐슬

주소 | 서울시 서초구 서초3동 현대 ESA-II 107호
전화 | 02_584_3598 팩스 | 02_584_3599
이메일 | petianbooks@gmail.com
블로그 | www.PetianBooks.com
페이스북 | www.facebook.com/PetianBooks
ISBN 978-89-964766-4-1 13490

이 책의 한국어 판권은 페티앙북스에 있습니다.
이 책의 내용 일부 또는 전부를 재사용하시려면 저작권자 및 페티앙북스의 동의를 얻어야 합니다.
한국어판ⓒ페티앙북스

값은 표지에 있습니다. 잘못된 책은 구입하신 서점에서 교환해 드립니다.

이 책을 구입하시는 모든 분들께 클리커와 핸드스트랩을 사은품으로 드립니다. 사은품은 모두 불량 테스트를 거쳐 출고되었으며 사은품 없이는 책의 교환 및 환불이 불가능함을 양해 부탁드립니다.